추천사

치유상담자는 누구인지 무엇을 하는 사람인지 어떤 자격을 갖추어야 하는지를 저자가 책으로 출간하게 된 것을 무척 자랑스럽게 생각한다. 그동안 저자는 많은 저서를 출간하여 다양한 독자층을 이루고 있지만 이번 치유수업은 올바른 치유를 다양한 치유 상담을 위한 접근 방법들로 기술해 주고 있다. 이 책은 치유상담자들과 내담자들이 꼭 수업을 들어야 할 메시지를 전한다. 치유 상담을 잘하는 요령이나 기술보다는 하나님이 어떻게 치유수업을 하시는지 그 길을 제시한다. 치유상담자와 내담자는 누구이며 어떤 인생을 사는 사람인지를 가슴에 공명을 울리게 한다. 모든 치유상담자뿐만 아니라 내담자로서 올바른 분별을 원하는 목회자와 선교사, 그리스도인들도 읽어야 할 우리 시대에 필요한 책이다.

신현파 (예수교대한성결교회 총회장, 한국성결교회연합회 대표회장, 압해중앙교회 담임목사)

이 책은 우리가 익숙하게 안다고 생각하는 치유에 대해 총체적인 통찰의 빛을 다시 비추어 치유를 이해하려는 분들에게 더할 나위 없는 최고의 안내자가 될 것이다. 그동안 치유의 책들이 간혹 나오긴 했으나 이 책과 같이 상담학적, 성서학적, 신학적, 정신분석학적, 선교학적으로 풍성하고 깊게 다룬 단행본은 없었다. 더 나아가 이 책은 넓은 독자층을 고려해 치유에 대한 많은 자료를 친절하게 제공한다. 특히 치유에 대한 상황과 문제, 그리고 해결책을 이 땅에 치유상담자로 오신 예수 그리스도의 시각으로 다루고 있기 때문에 매우 중요한 내용을 담고 있다. 치유와 회복이 절실한 현대 시대에 치유에 대한 명확한 이해뿐만 아니라 치유 상담 현장에서 실제로 사역하면서 세상의 빛과 소금의 역할을 다하려는 목회자, 선교사, 그리스도인에게 이 책을 적극적으로 추천한다.

김상식 (성결대학교 총장)

오늘날을 한마디로 말하면 '중독' 시대라고 할 수 있고, 중독의 문제는 더 심해질 것이다. 그러나 중독은 현상으로 나타난 문제이고, 많은 경우 그 원인이 되는 '관계'의 문제가 실제일 경우가 많다. 안타깝지만 교회는 이러한 문제를 이야기하거나 꺼낼 수 없는 공동체가 되어 버린 것 같다. 그러다 보니 수많은 목회자와 성도들이 가면을 쓰고 신앙생활을 하는 것이 현실이다. 목회자로서 여러 문제를 겪고 있는 누군가에게 실제적인 도움을 드리고 싶은데 마음처럼 되지 않아 안타까운 경우가 여러 번 있었다. 복음을 알고 사람을 이해해도 그것을 효과적으로 상담하고 전달하는 것은 또 다른 문제였다. 이수환 목사의 책, 『치유수업』은 효과적인 상담을 위한 기본적인 이론과 실제적인 적용을 할 수 있도록 돕는다. 우리가 이 땅에서 겪는 문제를 모른 척하지 않으시고 이 땅에 사람의 몸을 입고, 우리가 경험하는 모든 것을 경험한 우리 주 예수 그리스도께서 오늘날에도 우리의 문제를 치유하길 원하시며 이것이 바로 기독교 상담자의 기본 태도가 되어야 한다고 저자는 말한다. 누군가의 이야기를 들어 줄 준비가 된 사람, 가면을 벗고 자기 자신으로 당당하게 살고자 하는 사람, 그리고 하나님의 치유를 경험하고자 하는 모든 사람에게 일독을 권한다.

김관성 (낮은담교회 담임목사, 본질이 이긴다 저자)

예수님의 사역은 교육(didache, teaching), 설교(kerygma, preaching), 치유(therapeia, healing)이다(마 4:23). 저자는 이 가운데 치유 사역에 주목한다. 또한 저자는 기독교 상담의 관심은 복음의 최전선인 목회 현장뿐만 아니라 선교 현장도 포함되어야 한다고 주장한다. 이 책은 치유와 상담 그리고 선교를 서로 엮는다. 저자는 과감하게도 "예수님은 치유 상담을 통해 선교하시기 위해서 십자가에 달려 죽으셨다"고 주장하며, 새로운 기독론을 펼친다. 따라서 이 책은 "치유 상담 선교 방법론"이라는 새로운 학문의 문을 연다. 전혀 다른 학문의 분야인 치유, 상담, 선교에 대하여 어느 정도 전문적인 지식과 통찰이 없이는 불가능한 작업이 이 한 책에서 놀랍게도 설득력 있게 상호 융합이 되었다. 저자는 선교학의 중심 주제인 영적 전쟁, 중보기도, 성령의 역할 등을 심도 있게 분석하고 종합하여 자신의 결론을 추출 해낸다. 놀랍게도 모든 논의는 구약학, 신약학, 조직신학, 실천신학, 상담학, 목회학, 선교학을 거쳐서 결론에 도달한다, 이 점 또한 탁월한 능력이다. 저자는 선교신학자이면서, 여러 학문을 통합하고, 탄탄한 복음주의 신학에 입각한 결론을 내린다. 이 책이 주장하는 치유 상담이 목회 현장과 선교 현장에서 새로운 물꼬를 트는 기회가 되기를 바라며, 적극적으로 추천한다.

차준희 (한세대학교 구약학 교수, 한국구약학연구소 소장, 한국구약학 학회장 역임)

치유수업은 치유를 위한 상담 사역에 대해 전문적인 안내를 다룬 책이다. 그런데 기존의 치유 상담 안내서와 차별되는 것은 선교학적인 관점에서 본서를 다루었다는 점이다. 치유 상담에서 다루는 치유는 과학적인 방법을 사용하여 치유한다. 그래서 성령 사역을 통한 초자연적인 치유에 대해서는 다소 부정적이다. 이에 비해 선교학에서 다루는 치유 사역은 성령 치유, 신유 사역, 영적 전쟁, 중보기도 등을 통한 초자연적인 치유 사역이다. 그래서 근원적으로 볼 때 이 두 가지 방향의 치유 흐름은 서로 하나가 되기는 어려워 보인다. 이수환 박사는 선교학을 전공한 전문가로서 최근 선교 현장과 목회에 매우 필요한 주제를 시기적절하게 다루었으며, 매우 탁월하게 정리했다. 더욱이 본서의 공헌은 하나가 되기 어려운 두 가지 주제를 통합적으로 잘 정리했다는 것이다. 치유 상담의 적절한 동반자로 초자연적인 치유를 균형 있게 소개하고 있으며, 치유를 위한 현대의 두 가지 큰 흐름을 적절하게 통합하고 있다. 이에 기존 상담 기법을 통한 치유에 한계를 느끼는 상담가들이나, 초자연적인 치유 사역에 적절한 균형을 잡기를 원하는 사역자들이 본서를 통해 많은 도움을 받을 수 있으리라고 생각한다. 치유는 죄로 인해 전방위적인 질병에 눌려있는 자들을 도와주는 최고의 사랑 실천이다. 하나님은 치유를 통해 주님의 백성들에게 생명을 주시고, 풍성히 주기를 원하신다. 치유는 하나님의 생명 나눔이다. 우리에게 생명을 주시기를 원하시는 주님께서 '치유수업'을 통해 모든 병든 자들에게 역동하는 새로운 생명의 기운을 불어넣으실 것을 기대하며, 기쁜 마음으로 일독을 권한다.

이회훈 (성산효대학원대학교 선교학 교수)

교회와 학교 현장에서 상담심리학, 기독교 상담학, 목회 상담학 과목을 오랫동안 가르치며 끊임없이 강조해 온 점은 크리스천에게 상담심리학 이론과 기법은 선교의 도구가 되어야 한다는 것이다. 하나님께서는 인간을 자기 형상대로 지으시고 세상의 청지기로 살아가도록 만들어주셨다. 그러나 인간은 선악과의 유혹을 못 이기고 하나님과의 약속을 어긴 후 에덴동산에서 쫓겨나는 처절한 상실을 겪었다. 그때부터 인간은 근본적인 존재의 불안을 지니게 되었고 하나님과 영적으로 연결된 삶을 살지 못할 때마다 극심한 불안에 시달릴 수밖에 없는 삶을 살고 있다. 따라서 일반심리상담과 목회 상담, 기독교 상담의 장에서 만나는 내담자들은 모두 창조주 하나님으로부터 영원히 분리될지도 모른다는 것에 대한 존재론적 분리불안 때문에 괴로워하고 있는 연약한 피조물들이다. 이처럼 피조물인 인간은 하나님의 형상을 회복하지 못하고 세상에서도 지속적으로 겪고 있는 상실 때문에 괴로워하며 살아내고 있다. 특별히 인간이 끝없는 관계 결핍으로 인해 하나님에게조차 가까이 가지 못할 때 필요한 상담이 바로 저자가 본 서에서 소개하는 '치유 상담'이다. 저자는 '치유 상담'에 관한 『치유수업』을 진행하기 위해 먼저 일반상담과 기독교 상담, 목회 상담의 개념과 이론, 그 유사점과 차이점에 대하여 탁월하게 안내해준다. 이를 토대로 저자는 본 『치유수업』의 목표인 '상담이 선교와 어떻게 연결되어야 할지'에 대하여 성실한 지도(map)를 보여 주고 있다. 특별히 '치유 상담자의 올바른 선교적 자세'와 '치유 상담의 접근방법론', '치유 상담을 위한 영적 전쟁'과 '치유 상담을 위한 중보기도'의 역할에 대한 저자의 정성 어린 연구와 정리는 일반계시인 상담이 어떻게 선교적 사명 안에서 실질적으로 구현되어야 할지에 대한 적용점들을 효과적으로 안내해주고 있다. 특별히 내담자가 위기 가운데에서 영적인 문제들 때문에 지치고 절망할 때, 치유상담자와 내담자에게 인생의 다른 문제들을 극복하도록 직접 가르쳐주시고 힘과 능력을 주시는 이는 성령님이심을 명확하게 조명해 준 '치유 상담에서 성령의 역할'은 본 저서의 꽃이요, 핵심이다. 본문에서 저자가 소개한 버나드 마틴(Bernard Martin)은 치유에 대하여 말하기를, "영원한 삶으로 이어지는 인격의 완전한 성숙을 저해하는 육체적, 심리적, 영적인 속박으로부터 자유롭게 되는 것을 의미한다"고 하였다. 그렇다! 하나님은 우리를 창조주의 형상을 닮은 존재로서 육체적, 심리적, 영적으로 자유로운 완벽한 존재로 빚으셨다. 그러나 현재 우리는 안타깝게도 죄로부터 자유롭지 못한 존재들이다. 이러한 우리를 하나님께서는 내버려 두지 않으시고, 하나뿐인 아들을 속죄제로 보내주시어 우리가 죄로부터 자유롭도록 초대해주셨으며, 성령님을 통하여 우리에게 위로와 치유를 선물로 주셨다. 그러므로 '치유 상담'은 하나님, 예수님, 성령님 삼위일체께서 직접 개입하시는 역사이다. 따라서 본 저서를 읽게 되는 모든 독자는 삼위일체 하나님의 역사 속에서 함께하시는 임마누엘의 은혜를 누리게 될 것이다. 이와 함께 독자들은 지적, 정서적, 영적 치유를 통한 전인적 치유를 경험하며 하나님과 더 친밀한 사이가 되어가는 심령 천국을 체험하게 될 것이므로 많은 분이 본 저서가 인도하는 '치유수업'에 함께 참석하시기를 전심으로 추천한다.

박은정 (웨스트민스터신학대학원대학교 상담심리학과 교수)

오늘의 새로움이 내일이면 더 이상 새롭게 여겨지지 않고, 그다음 날엔 식상하다 느껴질 정도로 우리는 모든 것이 급변하는 시대, 이 빠른 흐름을 당연하게 생각하는, 아니 그렇게 생각해야만 할 것 같은 시대에 살고 있다. 아파도 아픈 줄 모르고, 슬퍼도 슬퍼할 시간이 없다고 자신을 다그쳐야만 성공한 삶을 살 수 있다고 여기는 사람들, 이 시대를 살아가는 사람들은 자기의 고갈을 경험하며 깊은 상실감에 빠져 있다. 이때 하나님을 믿는 사람들, 예수 그리스도께서 보여 주신 돌봄의 삶을 몸소 실천하려는 사람들은 이들을 치유로 인도할 의무와 동시에 권리를 갖는다. 그런데 왜 나는 직접 치유한다고 말하지 않고, 치유로 인도한다고 말하고 있을까? 치유는 인간이 아닌 온전히 하나님의 영역이고, 우리는 단지 치유되기를 원하는 사람에게 치유가 하나님에 의해 일어난다는 사실을 깨닫게 도와야 할 사명을 가졌기 때문이다. 그래서 '어떻게 치유할까?'를 고민하기보다는 '치유를 위해 무엇이 필요한가?'를 고민해야 한다. 사실 '치유'는 이제까지 두 가지 차원으로 분류되었다. 하나는, 정신분석과 심리상담에서 말하는 '정신-심리분석 후 어이 지는 결과', 또 다른 하나는 영적 차원에서 말하는 '하나님의 마음을 수용하고 이로써 인도되는 구원', 하지만 나는 생각한다. 이 둘이 구분될 수 있는 것인가에 대해 말이다.

우리가 사는 지금, 더 나아가 앞으로 맞이할 미래는 Multi가 당연시되고, Meta를 추구하는 시대가 될 것이다. 모든 것이 연합을 이루고 융합을 꿈꾸는 시대 돌봄과 치유도 결코 예외는 아니다. 이수환 박사는 『치유수업』을 통해 돌봄의 연합을 연구하였고 결국 치유의 거대한 융합을 꿈꾸고 있다. 이제까지 신학의 각 분야에서 각기 다른 모습으로 치유를 언급하며 자신들의 고유 영역임을 강조했었다. 하지만 앞서 얘기했듯 치유는 오직 하나님의 영역이다. '우리가 할 일은 오직 예수 그리스도께서 보여 주신 돌봄을 세상 모든 이들에게 알리는 것'. 이수환 박사가 『치유수업』에서 정말 하고 싶었던 말이 이것 아니었을까 짐작해본다.

나는 정신분석학자이자 목회 상담을 평생 업으로 삼으려는 사람이다. 그리고 '그냥 내 분야에서나 열심을 다하자'라는 목표로 학교에서, 상담실에서, 교회에서 최선의 노력을 쏟고 있다. 하지만 『치유수업』을 읽고 좀 창피했다. 이수환 박사는 단지 자기 분야는 물론 다른 분야에서도 최선을 다하고 있었기 때문이다. 하지만 창피만 느낀 것은 아니다. '내가 잘하고 있고, 잘 할 수 있는 분야'가 아닌 복음의 전파와 돌봄의 확대를 위해 '내가 할 수 없었지만 해봐야겠다고 생각하는 분야, 잘못해서 포기했지만 반드시 필요하다고 생각하는 분야'에 눈을 돌려 열심을 다해 봐야겠다는 다짐을 하기도 했다. 독자들도 이 책을 읽은 후 이제까지의 나를 되돌아보는 시간, 앞으로 내가 무엇을 해야 돌봄 사역에 동참할 수 있을지를 고민하는 시간, 복음 전파를 위해 어떠한 구체적인 방법론에 대해 생각하는 시간을 갖길 바란다. 그 시간들을『치유수업』이 도와줄 것이다.

고유식 (호서대학교 연합신학전문대학원 목회상담학 교수)

『치유수업』은 이수환 박사가 선교학적 관점에서 치유 상담을 논한 이론과 실제를 융복합적으로 담은 책이다. 저자는 '위대한 치유상담자'인 예수님의 주요 사역 중 하나인 치유를 통해 선교의 방법론을 모색한다. 성경적·선교적 시각에서 치유에 대한 의미를 자세하게 안내하면서, 치유 상담의 선교적 기초와 선교 방법, 선교목적을 명쾌하게 논한다. 무엇보다, 치유를 하나님 말씀에 의지할 수 있게 인도하는 선교사역으로 보고, 치유 상담의 선교목적을 돌봄과 변화, 선교 명령이라고 탁월한 명제를 제시한다. 이를 기반으로, 존 웨슬리, 앨버트 심슨, 나까다 쥬지, 찰스 카우만, 어네스트 킬보른의 신유를 독창적으로 재해석하면서 다양한 치유 상담 선교의 접근을 제시한다. 또한 한국교회 배경으로 김상준, 김응조, 이성주의 신유를 통한 치유 상담 선교의 통합적인 접근을 시도한다. 이 책은 치유 상담 연구뿐만 아니라 선교 방법 연구에서 매우 중요한 책이다. 목회와 선교 현장에서 치유 상담으로 사역하고자 하는 목회자와 선교사, 그리고 평신도에게 이 책을 적극적으로 추천한다.

박진경 (감리교신학대학교 기독교교육학 외래교수)

"사람은 누구나 마음속에 멍 하나쯤은 품고 산다" 목회의 현장에서 상처 없는 사람을 만난 적이 없다. 단지 보여주지 않을 뿐이었다. 관계를 맺고 대화를 하다보면 누구의 멍이 더 크고 짙은지 랠리를 하곤 한다. 도대체 누가 우리에게 이 푸른 멍을 남긴 것인가. 이 세상은 불완전하기에 상처로부터 피해갈 수 없다. 그러면서도 치유는 사치인 세상이다. 삶이 얼마나 바쁜가. 하루하루 주어진 업무를 소화하려면 그깟 멍쯤은 아프고 쓰라려도 안고 살아야 한다. 그런 성도들을 보면서, 공감이나 이해를 넘어서, 실제적인 도움을 줄 수 있는 방법을 늘 고민했다. 어쩌면 이 책이 해답의 실마리를 제공하지 않을까..저자는 마음에 멍을 안고 무덤덤하게 일상을 살아가는 사람들에게 단 한마디로 도전을 준다. "상처는 치유될 수 있으며 반드시 그래야 한다. 왜냐하면 우리의 하나님이 치유의 하나님이시기 때문이다." 맞다. 이것을 믿는 것이 곧 치유의 시작이다. 이 책은 치유의 성서적 당위성을 증명한 후 실제적 접근으로 넘어간다. 그러나 저자가 전문적 지식을 소개하기 전에 강조하는 것이 하나 있다. 그건 바로 태도이다. "내담자를 자신처럼 사랑하라"라고 말이다. 전문적 지식으로 냉철한 분석을 하는 것보다, 무례함을 버리고 사랑으로 다가가는 것이, 저자가 말하는 치유 상담의 본질이다. 사랑은 무례히 행하지 아니하는 것이라는 바울의 말처럼 말이다. 더 나아가 이 책이 나에게 큰 공감을 불러일으키는 주된 내용은, 성서적 접근의 끈을 끝까지 놓지 않는다는 것과 예수님 그리고 교회 역사 가운데서 적용한 실제 사례를 소개한다는 것이다. 치유의 근원은 하나님이시기 때문이라는 저자의 신학이 책 전체에 담겨있다. 성경의 진리를 믿고 있는 목회자 그리고 교회 리더 및 성도라면 이 책을 반드시 읽어야 할 것이다. 그리고 책을 읽는 과정에서 발견할 것이다. 치유수업 통한 자가 상담 프로그램이 나에게 작동되고 있다는 사실을 말이다. 누군가를 치유하기 전에 먼저 내가 치유 받는 일이 있기를 바란다. 그것을 원한다면 이 책을 추천하니 당장 구매하라.

정현민 (복음안에새교회 담임목사, 두레아띠청소년캠프 대표이사)

예수 그리스도의 치유가 오늘 우리가 살아가는 첨단과학 시대에도 일어나고 있음을 감사하며, 힘들고 어려워하는 이들에게 주님의 치유가 증거되기를 기도드리며, 이수환 목사님의 '치유수업'을 추천한다. 성경 속에서만 경험하는 치유가 아니라, 우리의 삶 속에, 쓰러져 가는 환우들의 고통 속에, 울음을 멈추지 않는 말 못하는 우리의 자녀들 속에, 감당할 수 없는 어려움을 맞닥뜨린 사건과 사고 속에, 도저히 풀리지 않는 가족과 교회와 직장 관계 속에, 얽히고설킨 복잡한 인간의 갈등과 증오 속에, 세상의 모든 상처와 아픔 속에, 무너져 가는 환경파괴와 기후, 자연재해 속에 예수 그리스도의 이름으로 치유의 길을 찾아가는 치유수업을 통해 주님이 살아 역사하는 치유를 경험하기를 소원한다.

김양선 (CBS기독교방송 부장)

'치유'이것은 우리가 살아가면서 모든 영역에서 필요한 중요한 부분이다. 그리고 그 다루어야 할 영역이 어디에 속해있는가에 따라 다양한 '치유'의 접근과 방법이 필요하다. 우리는 이미 '치유'에 관하여 스스로가 너무 잘 알고 있다고 여기는 경향이 있다. 하지만 잘못된 접근과 방법으로 인하여 '치유'가 아닌 '상처'를 가져다주기도 한다. 그래서 우리는 할 수만 있다면 다양한 영역에서 필요에 따라 적합하게 다가설 수 있도록 더 많은 자료와 사례를 통하여 끊임없이 관심을 가지고 더 깊이 알고자 하는 수고를 해야 한다. 이수환 목사님은 그 하시는 사역과 일터의 만남을 통해 다양하고 필요에 따른 '치유'에 관해 우리에게 들려줄 이야기가 충분하신 분이다. 이 책이 그 다양성과 접근성에 좋은 가이드가 되어 줄 것이다.

이동식(종합기독교서점 대표)

치유수업

치유수업

·**초판 1쇄 발행** 2023년 2월 15일

·**지은이** 이수환
·**펴낸이** 민상기
·**편집장** 이숙희
·**펴낸곳** 도서출판 드림북
·**인쇄소** 예림인쇄 **제책** 예림바운딩
·**총판** 하늘유통

·**등록번호** 제 65 호 **등록일자** 2002. 11. 25.
·경기도 양주시 광적면 부흥로 847 경기벤처센터 220호
·Tel (031)829-7722, Fax(031)829-7723

치유와 회복이 절실한 당신에게

치유수업

이수환 지음

드림북

서문

오늘날 이 시대는 치유가 더욱더 필요하다

급변하는 상황 속에서 현대사회는 가정 문제, 자살 문제, 청소년 문제, 마약 문제, 성의 문제, 인간관계의 부적절한 문제 등 인간의 이성을 마비시키는 심각한 역기능(逆機能)이 나타나고 있다. 이렇듯 인간에게는 소외되고 병들어 고통받는 자들이 많아지고 있다. 인간의 질병과 문제는 정신적인 요인, 육체적인 요인, 더 나아가 영적인 요인으로 작용(operation)한다. 예수님 당시에도 이러한 요인들로 인해 일어났던 치유는 오늘날 목회 현장과 선교 현장에서 일어난다. 무엇보다 예수님의 사역 가운데 중요한 주제는 치유였다. 다양한 목회 현장과 선교 현장에서 한국교회는 치유 상담을 통한 선교가 요청되고 있다.

그만큼 현대사회는 치유 상담에 대한 열기가 뜨거울 뿐만 아니라 그 전망이 밝아질 것으로 예상된다. 아쉬움은 현재 치유 상담 선교 방법론에 대한 구체적인 문헌이 없을뿐더러 그 방향을 제시하지 못하는 실정이다. 선교의 도구라 할 수 있는 치유 상담은 현대사회에서 대세로 윤활유와 같은 역할을 함으로써 이제 한국교회가 미디어 매체인 신문, 책, 라디오, TV, 인터넷, 유튜브, SNS 등 다양한 도구를 통한 치유 상담에 대한 선교 프로그램을 제공해야 할 것이다.

최근 사람들의 마음을 사로잡기 위해 여러 형태의 힐링 센터가 등장하고 있다. 요가(yoga), 명상(meditation), 기치료(energy healing) 등을 통해 심신을 치유한다는 광고를 빈번하게 접할 수 있다. 물론 치유 방식들을 통해 건강한 몸과 마음을 갖게 된다면 나름대로 바람직한 일이지만 치유의 열풍이 대부분 소비문화와 상업주의와 깊은 연관이 있다는 점이다. 이렇게 치유한다는 것은 근본적으로 모순이며, 열악한 인간의 삶은 이러한 프로그램 차원에서의 치유로 해결될 수 있는 상황이 아니며, 그것은 분명한 한계가 있다. 본서는 목회 현장뿐만 아니라 선교 현장에서도 치유상담자로 사역하는 목회자와 선교사, 그리고 그리스도인를 위한 치유 상담에 대한 이해와 접근 방법들을 제공하며, 아울러 치유 상담을 선교 방법론에 적용하여, 목회 현장과 선교 현장에서 일어나는 영적 전쟁 혹은 중보기도, 성령의 역할 등에 대하여 선교적 평가를 내리고 치유를 상담 선교 방법론의 대안으로 제시하고자 한다.

하나님의 치유 역사는 모든 민족에게 현재 진행형(present progressive)으로 나타나고 있다. 하나님의 치유 역사가 중단이 되었다면 왜 야고보는 병자를 위해 기도하라고 말했는가? 야고보서 5:14-15에서, "너희 중에 병든 자가 있느냐 그는 교회의 장로들을 청할 것이요 그들은 주의 이름으로 기름을 바르며 그를 위하여 기도할지니라 믿음의 기도는 병든 자를 구원하리니 주께서 그를 일으키시리라 혹시 죄를 범하였을지라도 사하심을 받으리라"라고 하였다. 하나님은 치유하시는 하나님(Healing God)이시다. 하나님의 치유 역사가 현대사회에서 절대적으로 필요한 것은 하나님의 아들이신 예수 그리스도가 치유상담자로 이 세상에 오신 이유다. 예수님은 치유 상담을 통해 선교하시기 위해서 십자가에 달려 죽으셨다. 그리고 그분은 인간의 연약함을 담당하셨을 뿐만 아니라 인간의 질병을 짊어지셨다. 오늘날 이 시대는 예수님의 치유가 더욱더 필요한 시대이기 때문에 치유상담자인 목회자, 선교사, 그리스도인들은 과거뿐만 아니라 현재 속에서도 하나님의 치유가 가능함을 믿어야 할 것이다.

2023년 2월

성결대학교에서

이수환

차 례

1장 치유 상담과 선교 방향의 흐름

최근 기독교 상담(Christian Counseling)의 관심은 그 어느 때보다 훨씬 더 높아졌다. 1990년대 중반부터 일반의 관심이 집중된 일반상담과 함께 시작된 기독교 상담은 이제 대학마다 상담심리학과(Counseling Psychology)와 상담대학원(Graduate School of Counseling)이 설립될 정도다. 또한 대학뿐만 아니라 교회 역시 기독교 상담에 대한 수용과 이해를 반영하였다. 이렇게 기독교 상담은 신학과 목회에서 배제할 수 없는 통합적인 차원에서 행해지고 있다.[1] 이러한 기독교 상담의 관심은 복음의 최전선이라고 할 수 있는 목회 현장(ministry field)뿐만 아니라 선교 현장(mission field) 또한 예외가 아니다.

일반적으로 상담(Secular Counseling)은 삶의 어려움을 겪고 있는 사람의 문제를 해결해 주면 상담이 된다. 하지만 기독교 상담은 여기서 끝나지 않고 궁극적으로는 하나님과 연결되도록 도와준다.[2] 그래서 기독교 상담은 개인의 삶에 관심을 집중하여 그들을 돕거나 치유하는 사역에 속하는 것이다.[3] 따라서 기독교 상담이 일반 상담의 이론과 기법을 사용하고 있다면 최근 기독교 상담과 선교의 방향 흐름에 대하여 살펴보고자 한다.

기독교 상담이란 무엇인가?

기독교 상담의 이해

기독교 상담은 하나님이 인간에게 어떻게 하셨는지를 보여주는 것으로 밀접한 관계가 있다. 하나님은 스스로 인간에게 기독교 상담의 모델이 되신다. 아울러 하나님의 아들이신 예수님은 이러한 상담의 성육신적 모델(incarnational model)이 되신다.[4] 그러면 기독교 상담의 정의에 대하여 살펴보면 다음과 같다.[5] 첫째, 기독교 상담은 안내하는 활동이다. 즉 상담자는 이미 주어진 목표를 향해 내담자를 안내하는 활동이다. 둘째, 기독교 상담은 치유하는 활동이다. 상담자는 내담자를 안내하면서 많은 치유의 요소를 발견한다. 상담자는 안내하는 도중에 발생 되는 문제를 해결하는 동시에 내담자를 기독교 상담의 방식을 통해서 하나님의 진리로 인도할 수 있다. 마지막으로 셋째, 기독교 상담은 성격이 발달하도록 돕는 활동이다. 상담자는 내담자가 성장하고 성숙하도록 돕는다. 이러한 활동은 성결이라는 기독교 용어와 일치된다. 그래서 기독교인들은 하나님의 성품인 예수 그리스도의 성격을 닮아가야 할 것이다.

기독교 상담은 실천신학(practical theology)의 한 분야로 이해하며, 일반상담학(general counseling)의 영역으로도 이해하기도 한다. 또한 기독교 상담은 목회 상담(pastoral counseling)과 기독교 심리(christian psychology), 그리고 치유 상담(healing counseling)과 함께 추가로 타문화 상담(cross-cultural counseling) 등의 교과과정과 제목들을 가지고 있어 각자 입장에 따라 사용되고 있다. 기독교 상담은 어떤 신학과 철학, 그리고 교육의 근거를 가지느냐에 따라 그의 정의와 입장이 다양하게 나타난다. 하지만 신학적인 근거를 강조하여 심리학을 거부하는 입장, 수용하는 입장, 통합하는 입장에 따라 정의가 달라지기도 한다.[6] 이런 입장에서 기독교 상담은 학문의 발전과 사회의 공헌, 그리고 하나님 나라와 복음의 확장에 이바지할 수 있는 것이다.

그래서 기독교 상담은 하나님의 사랑으로 용납되는 예수 그리스도를 본받는 생활을 일반적으로 강조한다. 그것은 기독교인이든 비기독교인이든 간에 문제를 상담해 주는 모든 상담자는 내담자가 자신을 용납하도록 도와주는 데 목적을 둔다.[7] 사실 기독교 상담은 일반적으로 사회에서 개발한 심리학의 학문적 이론을 사용하고 있다. 그것은 인간의 본성과 인간의 문제, 그리고 문제에 대한 관점과 치유법에 대해 그 시대의 학문적이고 이론적인 모형들을 가지

고 영혼을 돌보는 작업을 수행해 왔기 때문이며, 지금도 계속해서 현재 진행형이다.[8]

이런 의미에서 기독교 상담은 두 가지의 독립적인 방법론인 신학과 심리학이라는 방법론을 창조적으로 사용하여 기독교 상담이 신앙을 둔 학문이라 할지라도 심리학과 신학은 상호보완적이어야 한다. 그러나 성경은 정확 무오한 하나님의 말씀이기에 성경에서 비롯된 기독교 상담은 모호하지 않으며 명백한 해답을 줄 수 있는 것이다.[9] 그래서 기독교 상담은 성경과 기도 없는 상담은 기독교 상담이라고 할 수 없다.[10] 기독교 상담은 하나님만이 전능하신 분이라고 고백하는 상담이며, 구원의 통로는 오직 예수님 한 분뿐이라는 사실을 시인하는 상담으로 예수 그리스도만이 나의 소망이고, 나의 문제를 완전히 해결할 수 있다는 확신과 믿음을 갖고 문제에 접근하는 상담이다.[11]

기독교 상담은 그리스도의 이름에 힘입어 죄 사함을 얻기 위한 도구로 예수 그리스도의 헌신 된 종인 기독교 상담자가 성령의 인도를 받아 하나님이 주신 능력과 기술에 자신의 지식과 통찰을 사용해서 내담자들을 인격적으로 완전하게 변화시켜서 정신적인 안정과 함께 영적으로 성숙할 수 있도록 돕는 행위다.[12] 특히 기독교 상담은 예수 그리스도의 헌신적인 종으로서 성령으로 충만하여 성령의 인도를 받아 하나님이 주신 능력과 기술과 훈련, 지식과 통찰을 사용해서 내담자들의 인격을 완전하게 하고, 사람들과 더불어

보다 원만하게 살도록 도우며, 정신적인 안정을 이루게 하고, 영적으로 성숙시키는 행위를 말한다.[13] 따라서 기독교 상담은 내담자로 하여 기독교 세계관(Christian Worldview)을 통해 하나님 안에서 자신의 인생관과 정체성을 확립하고, 개인적인 삶의 자리에서 자기 가치를 실현할 수 있도록 지원하는 회복과 치유의 의미가 포함된 상담이다.[14]

기독교 상담의 목적

기독교 상담의 목적은 첫째, 기독교 상담은 예수 그리스도와 함께 하나님과의 관계를 발전시키는 것이다. 둘째, 기독교 상담은 하나님께 나아가 예수님을 닮아가는 것이다. 이러한 기독교 상담의 목적은 성경적이어야 하며, 성경에서 방법을 찾는 것은 당연한 결과다.[15] 이러한 성경의 내용은 기독교 상담의 내용을 구성하는 데 매우 중요한 요소로 작용한다.

기독교 상담은 하나님의 사랑과 은혜의 자원을 모두 포함하고 있으며, 하나님의 사랑과 성경적 가치관, 성령의 은혜가 내담자에게 임하도록 이끄는 치유 상담의 활동이다. 또한 성숙한 그리스도인이 되어 그리스도를 닮아가도록 이끄는 것으로 하나님의 성품과 새로운 생활방식을 갖도록 도와주는 목적으로 하며, 구체적인 목적을 살펴보면 다음과 같다.[16] 첫째, 내담자가 자신의 삶에 대하여 스스로 책임을 질 수 있도록 자기 이해와 자기수용, 그리고 자기관리 능력을 통해 인격적이고 신앙적인 성장이 있게 하여 생활 현장의 문제에 대하여 주도적이고, 객관적으로 검토하고 해결하도록 한다. 둘째, 죄의식과 죄책감에서 벗어나 예수 그리스도로 인해 진정한 자유를 알도록 한다. 셋째, 그리스도를 만나게 하여 신뢰 관계를 형성하게 하고 올바른 사고를 통해 느끼고 행동하는 통합적 존재가 되도록 한다. 넷째, 자신을 개방하고 죄의 정죄에서 회복되어 고통당하는 사람들에게 복음을 전하도록 하는 책임을 갖도록 한다. 마지막으로 다섯째, 공동체의 생활 능력과 사랑의 관계 기술을 습득하도록 한다.

기독교 상담의 방법

기독교 상담의 방법은 성경의 권위를 인정하고 존중한다. 진리를 토대로 이루어진 기독교 상담의 방법은 성경에 기초해야 하는데, 하나님과 인간, 그리고 자연 등 복음주의적인 신학의 기초 위에서 목적 지향적이어야 한다.[17] 그러나 종교적 문제에 심리학적 원리를 적용한다고 하는 심리모형들의 출현으로 기독교 상담에서는 성경적 내용이나 신학적 내용뿐만 아니라 개인의 심리와 인간 관계에 대한 심리학적 지식이 중심을 차지하게 되었다.[18] 그래서 심리학이 기독교 상담을 형성하는 데 중요한 공헌을 하였으며, 심리학을 기독교적으로 바꾸려고 노력함으로써 성경이나 기독교와 맞지 않는다면 버릴 것이 아니라 비교를 통해서 심리학을 기독교

적으로 고쳐야 한다.[19]

기독교 상담의 총체적인 근거

성경은 인간의 문제에 대한 방향과 원리를 구체적으로 보여 준다. 물론 성경은 인간의 구체적인 문제에 관한 자세한 상담 방법이나 방식들을 설명하고 있지는 않지만 이를 심리학에서 구체적으로 설명할 수 있다. 사실 심리학은 가치중립적이라 절대 진리 기준을 받아들이지 않기 때문에 상대적이다. 하지만 기독교의 절대 가치는 진리이기 때문에 가치중립이 될 수 없다. 이러한 기독교 상담학의 전제는 예수 그리스도와 기독교 가치관이기 때문에 기독교 세계관을 반영한다.[20]

기독교 상담은 예수 그리스도를 믿기만 하는 것이 아니라 새롭게 예수 그리스도를 본받는 성숙한 영성을 갖는 데 그 목적을 둔다면, 이것은 성숙한 신앙생활을 하도록 돕는 것이며, 성경을 전체로 하여 성경적 인간관을 확립하고, 영혼의 성장을 통하여 성경이 말하는 인간상을 찾아가는 것이다. 그래서 기독교 상담자는 성경과 문화에 대한 지식을 우선 갖추어야 한다. 기독교 상담은 성경에 기초한 인간의 이해를 배제하는 것이 아니라 단순히 상담의 시작으로 마지막에는 기도만 끝난다면 기독교 상담이 될 수 없을 것이다.[21]

왜 기독교 상담이 필요한가?

19세기 이후부터 의학계는 모든 질병의 원인을 과학적인 방법으로 설명하여 밝혔다. 의학에서는 무슨 질병의 원인을 밝히는 것이 아니라 질병이 어떻게 생기게 되었는지, 또한 어떻게 치유할 수 있을지 물음에서 시작한다.[22] 하지만 점차 현대인들은 세상에서 소외감과 파괴, 무질서한 가치들의 공허함 속에서 존재하고 있다.[23]

현대사회의 시대와 문화적 질환인 이러한 인간의 감성적이고 정신적인 부적응 현상들은 세상의 사람들만이 직면하고 있는 문제가 아니며, 기독교인들도 이런 현상에서 예외가 될 수 없다. 이러한 현상들은 결과적으로 기독교인들의 영적인 생활에도 영향을 미치고 있다.[24] 이러한 것들에 대해서 치유를 제시하는 기독교 상담이 필요하다.[25] 특히 현대사회는 정신과 의사들과 기독교 상담자들의 치유 역할이 그 어느 때보다 필요로 하는 시대라고 할 수 있을 것이다.

최근 치유 상담과 선교의 방향

최근 기독교 상담의 연구 방법과 주제들은 성경 내용을 분석하거나 조사연구 방법론과 실험연구 방법론, 그리고 사례연구 방법론

등이 있다.[26] 기독교 상담의 연구 유형들을 살펴보면, 이론적 연구가 73.2%로 경험적인 연구에 비해 상대적으로 높으며, 대상은 청소년을 대상으로 한 연구가 가족과 부부보다 높은 것으로 나타났다. 기독교 상담에서 적용하고 있는 기독교 상담이론으로는 성장 상담이론과 권면적 상담이론이 가장 많은 연구가 되고 있다.[27] 따라서 기독교 상담의 연구에서 적용하고 있는 상담 연구이론은 목회 상담과 선교 상담, 치유 상담으로 다음과 같이 설명할 수 있다.

목회 상담

목회 상담(ministry counseling)에 있어서 목회는 신학이라면 상담은 심리학이다. 이 두 단어가 합쳐져 목회 상담이라고 부른다. 목회를 학문적으로 접근하면 목회학이며, 신학 영역에서는 실천신학(practical theology)에 속하는 것이다. 반면 상담은 학문적으로는 상담학으로 보지만 심리학 영역에서 응용과 적용 분야로 이해할 수 있다.[28] 목회 상담은 자신의 문화 가운데 있는 사람을 도와주는 데 있다.[29] 목회 상담은 학문적인 연구를 위해서 존재하는 것이 아니라 하나님의 뜻을 어떻게 이 땅에 실현코자 하는 노력이며, 하나님 나라를 선포하는 선교 과정 중의 하나인 것이다.[30]

선교 상담

한국은 타문화권에 많은 선교사를 파송한 경험이 있다. 선교사들은 약간의 훈련을 받고 선교 현장을 떠나는 경우가 있다. 많은 선교사가 타문화에서의 목회 상담인 개인 상담과 집단 상담, 그리고 가족 상담을 아우르는 선교 상담(missionary counseling)에 대한 훈련을 받지 않고 선교 현장으로 향하고 있다. 물론 처음 2년에서 3년 동안은 선교사가 대부분 의욕적으로 선교활동을 하지만 3년이 지나면 타문화권에서 인종과 언어와 그리고 문화의 벽에 부딪히게 마련이다.[31] 이러한 벽으로 인한 스트레스는 결국 선교사의 가족 문제뿐만 아니라 갈등의 발전으로 선교사의 가족이 파괴되고 해체되기도 하며, 탈진된 선교사들은 짐을 꾸려 한국으로 되돌아오는 사례들이 허다하다. 그들은 극심한 우울증과 이혼 위기, 그리고 풍토병 등으로 어려워하는 모습을 발견하게 되는데, 선교 현지에서 철수한 선교사들은 말씀과 기도가 부족한 것이 아니다. 그들은 개인과 집단, 그리고 가족을 아우르는 목회 상담의 훈련과 더 나아가서는 타문화를 아우르는 사역과 인식의 부족 때문이다.[32] 아울러 이런 경우 한국교회 목회자 또한 마찬가지일 것이다.

이러한 관점에서 선교 상담은 선교사를 통해 타문화권에서의 선교 과업을 효과적으로 수행함을 돕는다. 인간은 문화의 산물이라는 것과 문화에 속박된 인간의 측면을 이해함으로써 인간을 돕는 것이 그 목적이다. 동양과 서양이라는 문화의 차이는 선교 상담의 접근에 있어서 의미 있는 차이를 두고 있다. 그래서 타문화 사역에 포함되는 사역자들은 선교학과 함께 심리학과 상담의 융합적인 연구가 필요하다. 그것은 신학, 심리학, 인류학, 커뮤니케이션학, 세계종교들과 같은 학문이 토대를 이루도록 연구해야 한다.[33] 또한 문화의 개념과 문화화, 문화변용, 그리고 서방세계와 비 서방세계 상담이론, 특수한 문화에 대한 성경 문화적 상담의 개요가 작성되어야 한다. 그리고 사례 연구와 타문화의 상황 가운데 야기되는 문제, 그것에 대한 해답과 해석을 포함한다. 아울러 현지인에 의한 기독교 선교 상담은 그들에게 격려되어야 할 것이다.[34]

치유 상담

인간은 여러 가지 면에서 깨어지고 상처를 입고 살아가기 때문에 육체적, 정서적, 심리적, 영적 회복이 필요하다. 치유 상담 (healing counseling)은 이러한 인간이 누렸던 어떤 것을 잃어버렸고 잃어버린 것을 회복하는 것이 가능하다는 사실을 전제로 한다.[35] 이러한 현대사회에서의 현상 속에 인간의 삶의 문제를 해결하는 데 있어서 심리학적 상담이 교회 안팎에서 다소 우세한 입장을 차지한다고 하지만 치유 상담은 미국 전역에서 아직도 건재하고 있는 상담 방법이다. 그 두드러진 예는 제이 아담스(Jay E. Adams)가 설립한 기독교 상담과 교육재단(Christian Counseling and Education Foundation)으로 이곳의 사역은 심리학적 상담이 다루고 있는 것과 동일한 인간의 삶의 문제를 해결하는 데 있어서 성경적으로 다루고 있으며, 성공적으로 다루고 있다.[36] 이러한 사역의 존재는 어떤 방법이나 상담이 더 효과적인지에 대하여 질문에 응답한다는 것보다 기독교 상담자가 상담 및 심리 치유의 체계보다 성경을 사용하여 성공적인 치유 상담을 하고 있다는 것을 입증하는 것이다.[37]

기독교 상담에서의 치유 상담자의 세 가지 형태

타문화적인 전문인 상담자

타문화적인 전문인 상담자는 일반적인 상담 지식과 문화차이 연구와 문화 적응의 방법을 앎이 그 토대가 된다.[38]

기독교 전문인 사역자

선교사들은 기독교 전문인 사역자들에 해당이 된다. 그들은 대부분 문화인류학과 상담의 훈련이 부족한 상태다.[39]

기독교 동료 사역자

기독교 동료 사역자들은 서로 동료가 상담자가 될 수 있다. 인간은 원래 마음이 상하면 동료를 찾아 도움을 구한다.[40] 이러한 세 가지 형태의 기독교 상담자는 헌신적인 기독교 신자로서 하나님의 도움을 얻어 사람들을 돕는 일에 최선을 다해야 한다. 그런데 기독교 상담자들은 신학 사상과 상담 접근 방법, 훈련과 경험이 각각

다르기에 내담자들을 돌보는 스타일도 다를 수밖에 없는 것이다.[41]

기독교 상담에 있어서 내담자의 계층 분류

목회 현장(ministry field)이나 선교 현장(mission field)에서 기독교 상담의 내담자들은 다섯 가지로 분류해 볼 수 있다.

회개를 모르는 내담자들

여기서 회개를 모르는 내담자들은 회개를 모르는 불신자들을 말한다. 세계에서 14명 중 13명은 불신자들이다. 그들은 종교가 없는 것이 아니라 다른 종교를 가진 자들로 불교, 이슬람교, 유교, 그리고 정령숭배 등이다. 그들은 자신이 속해 있는 문화의 지배적 종교의 가치관과 세계관에 얽매여 있다.[42] 참고로, 미국 해외선교 연구센터(OMSC)는 2013년 중반에 전 세계 71억 인구 가운데 기독교인이 23억 5,400만 명(33%), 이슬람교도가 16억 3,500만 명(22.9%)이 될 것으로 예측했었다.

OMSC가 발행하는 국제선교통계보고서(IBMR) 1월 호에 따르면, 기독교인이 전체 인구에서 차지하는 비율은 1900년 34.5%에서 1970년 33.2%, 2000년 32.4%로 감소 추세를 보이다가 2013년에는 33%로 소폭 증가했다. IBMR은 세계 인구가 80억 명을 넘어서는 2025년에는 기독교 인구가 27억 명으로 33.8%를 차지할 것으로 예상했다. 기독교 중에서 천주교가 12억 명(51%)으로 가장 많고 개신교 4억 3,900만 명(18.6%), 독립교회 3억 6,900만 명, 정교회 2억 7,900만 명, 성공회 9,100만 명 순이다. 개신교 인구에 성공회를 포함해도 5억 3,000만 명으로 이슬람 신도 수(16억 3,500만 명)에 크게 못 미친다. 전 세계 기독교 교파는 4만 4,000개, 교회 등 예배 처소는 462만 9,000곳으로 집계되었다. 종교별 인구는 기독교와 이슬람에 이어 힌두교가 9억 8,200만 명(13.8%), 불교가 5억 900만 명(7.1%)이다. 그 외에 유대교, 시크교, 토속신앙 등 기타 종교와 무신론, 무종교를 합한 인구는 16억 4,800만 명으로 23.2%를 차지하였다.[43]

각성 된 내담자들

여기서 각성 된 내담자들은 각성 된 불신자를 말한다. 이 각성 된 내담자들의 경우, 전통적인 종교는 좋지 않고 부모의 종교가 아닌 다른 종교가 요구된다. 이러한 현상은 그들에게 하나님의 말씀이 전해지는 곳과 전통적인 부모의 종교가 거절되는 곳에서 보여진다.[44]

명목적인 기독교 내담자들

세계 기독교 신자들 가운데 3분의 2에서 혹은 4분의 3의 사람은 그리스도와 역동적인 관계성이 없다. 그들은 실제로 기독교인이

아니면서 스스로 그런 사실을 망각한다. 따라서 그들로 하여금 그
것을 알게 하고 하나님께 헌신하도록 세워가야 한다.[45]

미성숙한 기독교 내담자들

그들은 기독교인들이지만 교리와 행동에 있어서 혼돈 가운데 있
다. 또한 사태를 분석할만한 성경적 지식이 부족한 사람들을 말한
다. 그래서 그들에게는 신앙의 용기와 인도, 충고가 필요한 것이
다.[46]

성숙한 기독교 내담자들

그들은 하나님의 말씀을 알고 예수님과의 관계를 형성하는 동시
에 교제하는 삶을 살아간다. 그들에게는 기독교 상담에 대한 네 가
지 문제의 카테고리가 있는데, 그것은 다문화적 상담자의 경우, 내
담자가 가져오는 문제를 접하게 되는 것들이다. 예를 들면 첫째,
복지에 관계되는 문제들이다. 둘째, 회심에 관계되는 질문들이다.
셋째, 기독교인의 성장과 삶에 대한 스타일에 관계되는 이슈들이
다. 마지막으로 넷째, 기독교 봉사에 관한 질문들이다.[47]

...

결론적으로, 치유 상담과 선교 방향의 흐름에 대하여 살펴보았

다. 기독교 상담의 목적은 치유상담자가 내담자로 하여 하나님을 잘 만나도록 도와주며, 그에게 하나님의 거룩하신 하나님의 선교 뜻이 이루어지도록 하는 것이다.[48] 특히 기독교 상담을 함에 있어 치유상담자는 성도들이 성숙한 영성을 가지도록 도우며, 그리스도를 장성한 분량까지 닮아가도록 조력해야 한다. 그것은 하나님 나라를 위한 선교를 함에 있어 기독교 치유 상담을 하나의 도구로 삼아야 할 의무가 있는 것이다.[49] 따라서 기독교 상담의 선교 방향은 기독교 치유 상담의 장점과 현대 시대적 요구에 부응하여 신중하게 학문의 발전을 도모하고 문화를 초월해서 사람들을 향한 하나님의 사랑을 실천하는 선교의 도구로서 활동해야 할 것이다.[50]

2장 치유 상담과 선교

최근 한국 사회에 '힐링 캠프'(Healing Camp)라는 TV 프로그램이 대중들에게 큰 인기를 끌고 있다. 오늘날 현대인들에게 웰빙(Wellbeing) 만큼이나 힐링(Healing)이라는 주제가 크게 부각 되고 있다. 아마도 그것은 현대사회에 치유의 절박한 사람들이 많기 때문이며 앞으로도 그러할 것이다.[51] 그러나 아무리 힐링 산업이 발달했어도 그것이 피곤함에 지친 인간의 몸과 마음의 삶을 온전하게 회복시켜 주는 것은 아니다. 진정한 힐링의 근원 되시는 하나님의 치유가 아니라면 치유는 불가능하다는 말이다.[52] 이렇게 치유의 관심은 인간들이 이 지구상에서 삶을 시작한 그때부터 오랜 역사를 지니고 있다고 해도 과언이 아니다.

많은 신학자의 경우, 스위스의 저명한 조직신학자 칼 바르트(Karl Barth, 1886~1968)는 그의 저서 『교회 교의학』(Church Dogmatics)에서 "건강과 치유"에 대하여 언급하였다. [53] 또한 정신분석에 대하여 통찰력을 갖고 있었던 조직신학자 폴 틸리히(Paul J. Tillich, 1886~1965)의 저서에서도 치유를 자세하게 설명하고 있다. [54] 이렇듯 현대사회에서 치유 상담은 매우 중요한 학문 분야라는 것이 분명하다. 그것은 현대사회가 다문화 되어 복잡해져 작게는 개인과 크게는 가정, 더 크게는 사회의 위태로운 일들이 빈번하게 발생함으로써 심리적으로 불안한 시대에 사는 것을 의미한다. 그러므로 치유 상담 분야의 발전은 분명 사람, 가정, 교회, 사회, 국가를 살리는 중대한 선교일 것이다. [55]

하나님의 뜻인 치유 상담은 성경적인 동시에 신학적인 것이다. 치유 상담은 하나님과 단절된 백성을 하나님의 백성으로 옮겨주는 거룩한 일이다. [56] 사실 치유 상담은 예수님의 공생애 사역 가운데 대부분 그 내용을 차지할 정도로 예수 그리스도가 교회를 위해 행하신 중요한 선교사역들 가운데 하나였다. [57] 그것은 교회가 치유 상담을 행동하지 않으면 하나님께 불순종하는 결과가 되기 때문이다. 예수님은 교회에 내리신 선교 명령(missionary mandate)의 핵심이 가서 가르치고, 복음을 전파하고, 치유하라고 말씀하셨다. [58] 예수님의 치유 상담은 단순히 육체 상태의 일시적인 회복에 머물지 않고 영원 구원의 차원까지 영향을 미친 것이다. [59] 따라서 선교에 있어 치유 상담은 육체와 영, 정신이 병들어 신음하는 현대인들에게 하나님의 치유가 무엇인지 살펴보고자 한다.

치유란 무엇인가?

사실 치유는 의학과 신학에서 모두 거부되어 온 단어였다. 의학 교과서에서 사용된 이 단어는 피부에 난 종기나 소화기 계통의 회복 혹은 뼈의 골절로 인해 부러진 뼈의 접합 등에 대한 묘사로 제한되었다. 치유라는 이러한 용어의 두 가지 특별한 기술적인 적용을 제외하고 의사들은 자신들이 하는 일을 치유(healing)보다는 치료(curing)나 처치(treating)로 부르는 것을 더 선호한다.[60] 이렇듯 치유는 일차적으로 육체적 기능의 정상을 위한 회복을 의미한다.

그러나 기독교에서 요구하는 보다 넓은 의미의 이 단어는 인간을 통해 인간을 향한 하나님의 뜻에 따라 하나의 통일체로서 기능하도록 힘을 부여하는 것을 의미한다. 이것은 치유가 의학적으로나 신학적으로 주변적인 것이 아니라 오히려 사람을 온전하게 만드는 모두를 포함하는 것이다.[61] 따라서 치유는 몸이나 상처의 회복, 그리고 골절상 봉합이라는 순수한 물리적인 의미로 한정되어서는 안 되며, 인간의 삶과 존재의 전 영역으로 확대되어야 한다.[62] 이러한 치유에 대한 이해는 전인격적인 돌봄(care)이라고 볼 수 있을 것이다.

성경에서 말하는 치유

성경은 치유가 하나님의 뜻임을 분명히 말한다. 치유는 인간과 하나님의 관계다. 사실 창세기부터 요한계시록에 이르기까지 성경은 인류의 가장 큰 문제인 죄와 질병, 그리고 죽음으로 고통당하고 눌린 자를 구원하고 치유하여 온전한 하나님의 형상으로 회복시키는 이야기며, 하나님 나라의 평화와 사랑의 통치 이야기이다. 그래서 사랑은 성경적 치유에 대해 부인하거나 불순종할 수 없다.[63] 출애굽기 15:26과 말라기 4:2에 의하면, 창조주 하나님은 자신을 일컬어 '치유하시는 하나님'이라고 한다.[64]

> "이르시되 너희가 너희 하나님 나 여호와의 말을 들어 순종하고 내가 보기에 의를 행하며 내 계명에 귀를 기울이며 내 모든 규례를 지키면 내가 애굽 사람에게 내린 모든 질병 중 하나도 너희에게 내리지 아니하리니 나는 너희를 치료하는 여호와임이라"(출 15:26)

> "내 이름을 경외하는 너희에게는 공의로운 해가 떠올라서 치료하는 광선을 비추리니 너희가 나가서 외양간에서 나온 송아지 같이 뛰리라"(말 4:2)

마태복음 11:5에 의하면, 세례 요한은 예수님이 그들이 기다리는 메시아인지를 확인하려고 그의 제자들을 보냈을 때, 예수님은 그

제자들에게 소경이 보며, 앉은뱅이가 걸으며, 문둥이가 깨끗함을 받으며, 귀머거리가 들으며, 죽은 자가 살아나며, 가난한 자에게 복음이 된다고 말씀하셨다. 또한 누가복음 9:1-2에 의하면, 예수님은 열두 제자를 불러 모으시고 모든 귀신을 제어하며 병을 고치는 능력과 권세를 주시고 하나님의 나라를 전파하여 앓는 자를 고치게 하려고 내어 보내셨다. 따라서 구약성경과 신약성경의 공통점은 하나님은 치유하시는 하나님이라는 사실이다.[65] 창세기에서 요한계시록까지 하나님의 치유는 많은 사람에게 베풀어졌으며 증거가 되었다.[66] 치유(healing)의 단어는 '온전하게', '건강하게', '건전한'이라는 뜻을 내포한다. 즉 병든 자가 온전하게 되는 뜻으로 전인적이며, 매우 폭넓은 관점에서 치유라 이해되어야 한다.[67] 치유는 헬라어로 '쎄라퓨오'(θεραπεύω)와 '이아오마이'(ἰάομαι), 그리고 '휘기에스'(ὑγιής)라는 단어가 있다.

'쎄라퓨오'(θεραπεύω)는 육체적 혹은 정신적인 병을 회복시킨다는 개념으로 신약성경에 43회나 자주 사용된 단어이다. '쎄라퓨오'는 '고치다'(heal), '치료하다'(cure)의 뜻으로 사용되었다. 이 단어는 의료적 처치나 치유를 포함하는 의미로서 '고치다', '치료하다', '건강을 회복하다', '봉사하다'라는 뜻이다. 이 단어는 예수님과 제자들에 의하여 행해진 기적적인 치유를 묘사하는 데 사용되었다.[68]

'이아오마이'(ἰάομαι)는 '치료하다'(cure), '회복시키다'(restore)라는 뜻을 지니고 있으며, 신약성경에 26회가 나온다.[69] 구약성경에서 치유를 의미하는 말은 히브리어의 '라파'(רפא)이다(왕하 5:7).[70] 어원적 접근을 통하여 고대 셈어에서 '라파'는 사람에게 적용될 때 '치료하다'로 이해되나 사람이 아닌 어떤 것에 대해서는 '회복하다'(restore)라는 의미가 있다.[71] 실제로 구약성경에서 하나님은 자신을 스스로 치유자로 나타내셨다. 그래서 하나님의 이름 가운데 하나인 '여호와 라파'(Jehovah Rapha)는 '치유하시는 하나님'이라는 뜻이다. 하나님께서는 이스라엘 백성들이 이집트 땅에서 고통당하는 것을 보시고 그들을 구원하려고 그러한 내용의 계시를 내려 주셨다.[72] 출애굽기 23:25에 의하면, 하나님께서 약속의 말씀을 하시면서 치유의 능력에 관하여 거듭 언급하셨다.

"네 하나님 여호와를 섬기라 그리하면 여호와가 너희의 양식과 물에 복을 내리고 너희 중에서 병을 제하리니"(출 23:25)

또한 구약성경 전체를 보면, 하나님께 간구하는 치유의 기도는 그칠 줄을 모른다(민 12:23, 시 6:2, 렘 17:14). 이러한 모든 기도는 치유하시는 하나님에 대한 믿음에서 비롯된 것이다.[73]

"모세가 여호와께 부르짖어 이르되 하나님이여 원하건대 그를 고쳐 주옵소서"(민 12:13)

"여호와여 내가 수척하였사오니 내게 은혜를 베푸소서 여호와여 나의 뼈가 떨리오니 나를 고치소서"(시 6:2)

"여호와여 주는 나의 찬송이시오니 나를 고치소서 그리하시면 내가 낫겠나이다 나를 구원하소서 그리하시면 내가 구원을 얻으리이다"(렘 17:14)

하나님께서 치유하셨던 사례들을 살펴보면, '치유 받은 욥'(욥 42:8-17), '치유 받은 아비멜렉의 가솔들'(창 20:17), '문둥병을 치유 받은 미리암'(민 12:1-16), '뱀에 물린 사람들의 치유'(민 21:4-9), '다시 살아난 어린아이'(왕상 17:17-24), '다시 살아난 수넴 여인의 아들'(왕하 4:18-37), '치유 받은 나아만'(왕하 5:1-14), '치유 받은 히스기야'(왕하 20:1-11, 사 38장), '금식에도 불구하고 건강을 유지한 다니엘'(단 1:10-16) 등이다.

'휘기에스'(ὑγιής)는 문자적으로 몸이 건강하고 튼튼한(healthy, well) 그리고 강한(strong), 활동적인(active), 건전한(sound) 등의 의미를 가지고 있으며, '다시 건강하게 하다'(Make well again), '치료하다'(Cure)라는 의미로 사용되었다.[74] 그래서 스위스 제네바에서 치유 목회를 했던 버나드 마틴(Bernard Martin)은 치유에 대하여 말하기를, "영원한 삶으로 이어지는 인격의 완전한 성숙을 저해하는 육체적, 심리적, 영적인 속박으로부터 자유롭게 되는 것을 의미한다. 어떤 사람을 파멸로부터 보호해 주는 것만으로는 결코 완전한 치유가 될 수 없다.

진정한 치유는 자신의 길을 추구하도록 가능성을 열어 주는 것과 그의 인격이 활짝 꽃 필 수 있도록 기회를 마련해 주는 것, 그리고 그에게 삶의 활력을 되찾도록 도와주는 것이 포함된다. 여기서 치유된 사람이란 자신의 진정한 본성을 계발하는 데 방해가 되는 장애물들을 모두 제거한 사람을 말한다. 치유란 단순히 병들기 전의 상태로 되돌아가는 것으로 그치지 않는다. 그것은 삶의 모든 영역에서 정상적인 상태로 회복하는 것이다"라고 하였다.[75] 그리고 오랫동안 우리나라 공주에서 의료선교사로 있었던 제임스 반 버스커크(James D. Van Buskirk, 1886~1969)는 치유에 대하여 말하기를, "하나님의 능력을 통해 우리 안에 내재해 있는 자연적인 치유의 능력을 저해하는 모든 장애물을 제거하는 것이다"라고 하였다.[76] 따라서 치유란 인간성을 회복시킬 뿐만 아니라 다시금 하나님께서 원하시는 모습으로 갖추게 하여 원래 정상적인 상태를 되찾게 하는 것이다. 우리에게 영원한 생명을 주시는 성령께서는 인간의 육체와 영혼의 모든 질병을 치유하여 온전한 삶을 살도록 항상 역사하고 계신다.[77]

치유의 선교적 의미

일반적인 치유(治癒)는 심리적인 안정감을 주는 것, 또는 그것을 주는 능력 가진 존재의 속성이다. 치료와 비슷한 의미로 병을 치료하는 뜻도 있으나 치료는 심리적으로 안정감을 준다는 의미는 없다.[78] 하지만 치유는 병이나 죄, 종족 간의 인종차별 등을 포함할 만큼 광범위하다.[79] 그래서 치유라는 말은 정의하기가 어려운 용어이다. 치유는 기독교에서 독점으로 사용하는 용어가 아니며, 기독교에서만 나타나는 현상도 아니다.[80] 하지만 기독교의 치유는 무질서하고 통합되지 못한 소외되고 타락된 비정상적인 상태로부터 정상적인 상태로 회복하는 과정으로 이해될 수 있다. 특히 창세기 1:31에 의하면, 치유는 육체적, 정신적, 영적 또는 사회적 질병으로부터의 회복이며, 창조 당시의 사회적 질서와 규율에로의 회복이다. 그래서 치유는 인간과 사회의 구원으로 정의될 수 있다.[81] 이러한 치유의 형태는 이 땅 위에 하나님 나라가 이루어지는 것으로 인식되어야 할 것이다.

> "하나님이 지으신 그 모든 것을 보시니 보시기에 심히 좋았더라 저녁이 되고 아침이 되니 이는 여섯째 날이니라"(창 1:31)

이사야 61:1-2와 29:18에 의하면, 하나님은 육체적, 정신적, 영적인 모든 질병과 장애를 치유해 주시기를 원하신다.[82] 이렇게 치유의 선교적 의미란 이전보다 더 나은 상태로 상징적 회복을 의미하기 때문에 육체적일 뿐만 아니라 영적인 구원으로 전인적인 구원을 의미한다.[83] 누가복음 4:18에 의하면, 이러한 것은 예수 그리스도의 사역을 통해 실현되는 구원이다. 그리고 마태복음 11:4-5에 의하면, 이미 이 땅 위에 임한 하나님 나라로서 인식될 첫 번째 조건이라는 것이다.[84]

치유 상담이란 무엇인가?

치유 상담의 선교적 기초

전통적으로 기독교는 서로를 돌아보고 격려하는 사역을 강조하였다. 예수님은 공생애를 통해서 고통당하는 수많은 영혼을 불쌍히 여기시고 복음으로 치유하시고 회복시키기 위해서 최선을 다하셨다. 이러한 치유 상담의 기초는 성경으로 예수 그리스도만이 인간의 모든 문제의 궁극적인 답을 가지고 있다. 그러므로 성경은 도덕과 윤리의 절대적인 지침서이기 때문에 인간의 모든 행위를 이해하고 변화시킬 수 있는 것이다.[85] 성경은 상담의 모든 것을 추구하기 때문에 하나님의 말씀은 인간의 마음을 다루는 모든 상담과 치유의 기초가 되어야 한다. 따라서 치유 상담은 내담자로 하여 하나님의 말씀에 의지할 수 있도록 돕는 선교사역이다.[86] 결국 치유 상담은 하나님을 결정적으로 믿게 할 뿐만 아니라 이 시대의 이단을 방지할 수 있는 선교의 기초가 될 것이다.

치유 상담의 선교 방법

예수님의 치유 상담은 침과 흙, 그리고 안수, 말씀, 귀신을 쫓아내심 등 다양한 방법으로 치유하셨다. 우리는 모든 치유의 방법인 의학, 상담, 신유, 가족, 환경을 통해 하나님이 역사하시는 열린 마음을 가지고 수용하는 선교적인 자세가 필요하다.[87] 남아프리카공화국의 유명한 신학자 앤드류 머레이(Andrew Murray, 1828~1917)는 질병으로 인해 2년간 목회 사역을 할 수 없었으나 하나님의 놀라운 은혜로 치유 받은 체험에 대하여 말하기를, "최고의 치유자가 되시는 예수님은 지금도 우리 가운데 계심을 명심해야 하며, 그분은 우리와 가까지 계시며, 치유를 통해 자신의 임재에 대한 증거를 교회에 보여 주신다"라고 하였다.[88] 따라서 이러한 예수님의 치유 상담 선교 방법은 복음 전도와 특히 복음의 불모지인 선교 현장에서 믿음을 갖게 하는데 결정적인 동기를 만들어 줄 것이다.

치유 상담의 선교목적

첫째, 치유 상담의 선교목적은 돌봄이다. 치유 상담은 정신 치유의 문제이고 선교전문가의 일이다. 그러나 그것은 다른 것들과 무관하지 않으며 배타적이지 않다. 치유 상담은 돌봄(care)을 배제하지 않고 포함한다.[89] 그래서 치유 상담은 선교의 목적을 위해 인간의 문제해결과 관련되는 것이다. 둘째, 치유 상담의 선교목적은 변화다. 변화는 하나님께 자신을 드린 그리스도인에게 형성되는 마음의 회복이다. 그것은 인간의 내부와 외부에서 발생 되는 것이다. 로마서 12:2에 의하면, 변화의 결과로서 말씀과 같이 나타난다.[90]

"너희는 이 세대를 본받지 말고 오직 마음을 새롭게 함으로 변화를 받아 하나님의 선하시고 기뻐하시고 온전하신 뜻이 무엇인지 분별 하도록 하라"(롬 12:2)

치유상담자는 선교하는 변화(change)의 대리자이다. 그것은 연약 함과 비참함 가운데 처한 사람을 능력과 축복의 상태로 바꾸어 놓 는 것을 목적으로 한다. 이것은 그리스도 안에서 어린아이 상태를 성숙한 장년의 상태로 바꾸는 것을 목적으로 한다. 치유상담자가 해야 할 선교 사명은 책임 있는 삶에 대한 실패한 자로 하여 의지 의 변화를 가져오게 하여 올바르게 생각하고, 느끼고 행하게끔 하 게 하고, 선택의 능력을 갖고 하나님을 의지하도록 해야 한다.[91] 치 유 상담에서 변화시키는 가장 유일한 힘과 능력은 말씀 속에, 그리 고 성령을 통하여 나타난 하나님의 사랑으로 변화될 수 있는 것이 다.[92] 하나님께서는 인간의 심리와 정서를 변화시키는 것과 같이 외적 행동까지도 변화시키시는 분이시다. 어떤 사람이 하나님의 사랑에 의해서 그의 마음과 삶이 새로워졌을 때, 그의 행동은 하나 님의 말씀에 기초 된 행동을 하게 될 것이다. 그래서 성경은 말과 행동에 관한 행위의 선교적인 지침으로 가득 차 있다.[93]

마지막으로 셋째, 치유 상담의 선교목적은 선교 명령이다. 치유 상담의 궁극적인 목적은 이 땅의 많은 사람이 복음을 통해 하나님의 나라에 들어가게 하는 것이다. 예수님은 이 땅에 하나님 나라가 임하도록 하시기 위해서 많은 사람을 치유하셨다. 그분은 자신의 행위뿐만 아니라 훗날 제자들에게 남기신 선교 명령(missionary mandate)을 통해 복음을 증거 하는 것과, 병든 자의 치유하는 것을 구원 사역 안에 함께 포함되어 있음을 분명히 보여 주셨다. 이것은 메시아로서의 선교 사명에 대한 명백한 증거로 제시되었다.

미국 트리니티복음주의신학교(Trinity Evangelical Divinity School)에서 20여 년간 기독교 상담학을 가르쳤던 게리 콜린스(Gray R. Collins)는 선교 명령(missionary mandate)에 대하여 말하기를, "한 시대, 한 지역에 국한되도록 한 것이 아니라 모든 시대에 걸쳐 전 세계를 준 것으로서 다른 사람을 제자로 삼는 것은 상담에서 한 부분 내지는 그것의 주요한 골이 된다"라고 하였다.[94] 따라서 선교 명령을 위해 치유상담자는 문화인류학과 타종교의 연구가 필요하다. 그것을 통해 인간의 가치관과 세계관에 접근할 수 있으며, 선교하는 일에 많은 도움을 주기 때문이다. 예를 들면, 선교 현장에서 무아와 윤회, 각성의 개념을 알지 못하고 불교문화권 아래의 사람을 치유 상담하기란 불가능할 것이다.[95]

치유상담자, 예수 그리스도

사실 예수 그리스도는 역사상 위대한 치유상담자가 되신다. 치유상담자의 모델이 되시는 그분의 인격과 지식, 기술은 도움이 필요한 모든 사람을 도울 수 있게 하셨다.[96] 예수님은 인간의 모든 문제를 마음에서부터 시작된다고 보시고, 내담자의 죄 문제와 믿음을 중요하게 생각하셨다. 또한 예수님은 인간의 문제를 상담하시고 질병을 치유하실 때 근본적인 죄 문제를 다루셨다. 하지만 예수님은 죄에 대한 책망과 정죄보다는 오히려 긍휼과 자비를 베푸시고 말씀을 통해 그들 자신의 문제와 믿음을 스스로 돌아보게 하셨다.[97] 이러한 근본적인 문제의 해결은 히브리서 4:12에 의하면, 하나님의 말씀이 없이는 인간의 깊은 마음을 이해할 수 없으며, 진정한 상담도 이루어질 수 없는 것이다.

> "하나님의 말씀은 살아 있고 활력이 있어 좌우에 날선 어떤 검보다도 예리하여 혼과 영과 및 관절과 골수를 찔러 쪼개기까지 하며 또 마음의 생각과 뜻을 판단하나니"(히 4:12)

이것은 오직 치유 상담이 하나님의 구원 은혜와 성령의 역사를 통해 내담자를 전인격적으로 올바로 변화시킬 수 있는 진정한 선교의 원동력이 될 수 있음을 의미한다.[98] 마태복음 4:23-25와 9:35

에 의하면, 선교에 있어 치유 상담의 궁극적인 목표는 하나님 나라의 회복으로써 이해될 수 있으며, 동시에 새 하늘과 새 땅의 설정으로도 이해될 수 있다.[99]

"예수께서 온 갈릴리에 두루 다니사 그들의 회당에서 가르치시며 천국 복음을 전파하시며 백성 중의 모든 병과 모든 약한 것을 고치시니 그의 소문이 온 수리아에 퍼진지라 사람들이 모든 앓는 자 곧 각종 병에 걸려서 고통 당하는 자, 귀신 들린 자, 간질하는 자, 중풍병자들을 데려오니 그들을 고치시더라 갈릴리와 데가볼리와 예루살렘과 유대와 요단 강 건너편에서 수많은 무리가 따르니라"(마 4:23-25)

"예수께서 모든 도시와 마을에 두루 다니사 그들의 회당에서 가르치시며 천국 복음을 전파하시며 모든 병과 모든 약한 것을 고치시니라"(마 9:35)

이러한 예수님의 치유하심은 하나님 나라의 통치에 대한 실제적인 선교의 표현으로 이해할 수 있다.[100] 그래서 장로회신학대학교 신약신학 교수였던 김지철은 예수님의 치유에 대한 선교 신학적 이해에 대하여 말하기를, "첫째, 예수님의 치유는 하나님의 자유와 해방의 평안을 누리지 못하는 자들에 대한 하나님의 긍휼과 은혜의 사건이다. 둘째, 예수님의 치유는 하나님의 창조 행위의 연속이다(막 7:37). 하나님의 창조와 다스림이 현실적으로 도래했다는 사실을 가리킨다. 셋째, 예수님의 치유는 구약에서 약속의 성취이 다(마 11:5,사 29:18; 35:5; 61:1). 넷째, 예수님의 치유는 종말론적인 메시 아 왕국의 성취이다. 다섯째, 예수님의 치유는 자유롭게 된 인간으 로 하여 예수의 뒤를 따르게 한다. 예수님은 치유를 통해서 하나님 의 백성을 종말론적으로 소집하는 것이다. 여섯째, 예수님의 치유 는 사람에게 놀람을 갖게 하며 예수님의 인격을 향해 질문하며, 또 한 신뢰하게 한다. 따라서 예수님의 치유는 신앙을 위한 표징이 된 다. 마지막으로 일곱째, 예수님의 치유는 질병의 고통 하는 자의 소외되고 단절된 가정성과 사회성을 다시금 회복시킨다"라고 하였 다.[101]

따라서 치유상담자이신 예수님의 치유란 그 질병이 육체적, 정 신적, 영적, 또는 사회적이든 병리적인 상태로부터 생리적인 상태 로 회복해 가는 과정으로 구원이라는 뜻을 내포한다.[102] 그래서 치 유상담자 되시는 예수님은 선교를 위해 인간의 구원자인 동시에 사회의 구원자이시다.

구약성경에서 예언한 치유상담자

이사야 29:18에 의하면, 예수님이 이 땅에 초림 하시기 약 700년 전에 이사야 선지자가 예언한 말씀을 기록해 놓았다. 여기서 예수 님은 이 땅에 선교를 위해 오셔서 치유 상담을 통하여 귀머거리와

소경을 치유하실 것을 의미한다.[103]

"그 날에 못 듣는 사람이 책의 말을 들을 것이며 어둡고 캄캄한 데 에서 맹인의 눈이 볼 것이며"(사 29:18)

이사야 35:5-6에 의하면, 예수님이 선교를 위해 이 땅에 오셔서 치유하실 것을 예언하였다.[104]

"그 때에 맹인의 눈이 밝을 것이며 못 듣는 사람의 귀가 열릴 것이 며 그 때에 저는 자는 사슴 같이 뛸 것이며 말 못하는 자의 혀는 노 래하리니 이는 광야에서 물이 솟겠고 사막에서 시내가 흐를 것임이 라"(사 35:5-6)

신약성경에서 성취된 치유상담자

마태복음 4:23-24과 9:35에 의하면, 예수님은 선교하시기 위해 치유 상담을 하셨는데, 그 외에 많은 선교의 내용을 살펴볼 수 있 다.

"예수께서 온 갈릴리에 두루 다니사 그들의 회당에서 가르치시며 천국 복음을 전파하시며 백성 중의 모든 병과 모든 약한 것을 고치 시니 그의 소문이 온 수리아에 퍼진지라 사람들이 모든 앓는 자 곧 각종 병에 걸려서 고통 당하는 자, 귀신 들린 자, 간질하는 자, 중풍

병자들을 데려오니 그들을 고치시더라"(마 4:23-24)

"예수께서 모든 도시와 마을에 두루 다니사 그들의 회당에서 가르치시며 천국 복음을 전파하시며 모든 병과 모든 약한 것을 고치시니라"(마 9:35)

많은 사람으로부터 인정받은 치유상담자

예수님은 많은 자로부터 치유상담자로 인정을 받으셨다. 마태복음 4:23-25에 의하면, 온 수리아 사람들이 예수님을 치유상담자로 인정했기 때문에 각색 병든 자를 예수님께로 데려온 것이다. 또한 백부장이 예수님을 치유상담자로 인정했기에 예수님께 와서 하인이 중풍병을 치유해 달라고 간구한 것이다(마 8:5-6). 그리고 마태복음 15:22에 의하면, 가나안 여인이 예수님께 와서 흉악한 귀신 들린 딸을 치유해 달라고 매달린 것은 이 여인이 예수님을 치유상담자로 인정했기 때문이다.[105]

"가나안 여자 하나가 그 지경에서 나와서 소리 질러 이르되 주 다윗의 자손이여 나를 불쌍히 여기소서 내 딸이 흉악하게 귀신 들렸나이다 하되"(마 15:22)

그 외에도 혈루증을 앓던 여인(막 5:25), 귀먹고 어눌한 자(막 7:32), 소경들(막 8:22; 10:47, 요 9:11), 귀신 들린 자(눅 8:28), 문둥병자들(눅 17:13),

18년 된 병자로부터 인정을 받았으며, 더 많은 자들이 예수님을 치유상담자로 인정하였다.[106]

제자들에게 치유 상담의 능력을 주심

예수님은 자신만 치유 상담을 하신 것이 아니라 그의 제자들에게도 치유 상담의 능력을 주셔서 병을 치유하는 선교의 사명을 주셨다. 첫째, 열두 제자에게 치유 상담의 능력을 주셨다(마 10:1, 눅 9:1). 둘째, 칠십 명의 전도자들에게 치유 상담의 능력을 주셨다(눅 10:1-9). 마지막으로 셋째, 믿는 자들에게 치유 상담의 능력을 주셨다(막 16:17-18).[107] 이러한 치유 상담을 통해 최고의 치유상담자 되신 예수님은 하나님의 성육신(incarnation)하신 선교사로 이 땅에 하나님 나라를 선포하고 증거 하셨다.[108] 이는 말씀이 육신이 되는 사건으로 하나님이 인간의 육신을 입고 예수 그리스도의 모습으로 이 땅으로 인간의 삶의 자리에 선교하러 내려오신 것을 가리킨다. 예수님께서 치유 상담하신 것은 치유가 목적이 아니라 최종적으로 선교가 목적이었다. 이러한 예수님의 치유 상담 선교의 목적은 크게 두 가지로 살펴볼 수 있다.

첫째, 예수님의 치유 상담은 하나님 나라의 현존을 증거하였다. 특히 복음서에 나타난 예수님의 치유 상담은 역사적인 사실이기 때문에 사람들은 병자가 낫는 것을 보고 하나님의 나라를 경험하게 되었다.[109] 미국 풀러신학교 신약학 교수 김세윤은 이러한 복음서에 대하여 말하기를, "예수님이 하나님의 구원 통치를 실행함을 시위하기 위해 귀신을 쫓고 병자들을 치유한 사건들을 부각시키고 있다"라고 하였다.[110] 예나 지금이나 사람의 가장 절박한 문제들 중 하나는 육신의 병으로부터의 해방이다. 그러므로 문둥병자를 고치고, 눈먼 자의 눈을 뜨게 하고, 지체장애인을 일으키는 등 육신의 병을 치유하는 것이 구원의 힘을 드러내 보이고 실체화하는 데에 가장 효과적이다.[111] 마태복음 12장과 마가복음 3장, 누가복음 11장에 나오는 바알세불 논쟁에서 예수님은 귀신을 쫓아내고 병자들을 치유하자 바리새인들과 서기관들은 예수가 바알세불, 즉 사탄의 힘을 빌려 병자를 치유하고 귀신을 쫓아낸다고 비방하였다. 그러자 예수님은 그들에게 자신이 사탄의 힘이 아니라 마태복음에서 표현한 데로 영으로 또는 마태복음에서 표현한 데로 하나님의 손가락으로 그 일을 한다고 말씀하셨다.[112] 예수님은 하나님 나라의 모습을 보여 주기 위해서 이렇게 사람들을 치유 상담을 하셨다.[113]

둘째, 예수님의 치유 상담은 효과적인 전도를 시행하게 하였다. 예수님의 선교 방법은 프리칭과 티칭, 힐링으로 세분화할 수 있다. 예수님은 선교를 위해서 선포하셨고, 선교를 위해서 하나님 나라의 진리를 교육하셨고, 선교를 위해서 수많은 병자를 치유하셨다.[114] 예수님은 특히 안식일에 자주 치유하셨는데, 그것은 자신의 하나님 나라 운동이 아담의 타락으로 고장 난 죄와 죽음의 통치 아래 떨어진, 그래서 죽음의 힘에 짓눌린 온 세상을 치유하여 첫 창조의 심히 좋은 상태를 다시 한번 실현하는 것임을 보여 준다. 다시 말하면, 자신이 사탄의 죄와 죽음의 통치 아래서 고난받는 인간들이 하나님의 통치 아래로 들어와 그 구원, 즉 치유를 얻도록 하고, 온 세상을 하나님의 생명으로 충만하게 하는 분임을 나타낸다. 이렇게 온 세상이 사탄의 죄와 죽음의 통치로부터 완전히 벗어나 하나님 나라의 생명으로 충만할 때, 온 세상은 다시 한번 심히 아름다운 상태가 된다. 그때 예수님은 이러한 치유 상담 선교로 수많은 사람을 모이게 하였을 뿐만 아니라 모인 자들에게 하나님 나라의 현존과 진리의 말씀을 전하는 데 큰 능력을 행하셨다.

치유공동체인 교회의 역할

치유공동체는 건강과 성장, 인간적 변화를 가능하게 하는 사람들로 구성된 긍정적인 모든 조직망을 말한다. 부정적인 공동체는 살아감에 있어 필요한 일용품만을 제공하거나 더 나쁜 경우에는 구성원들의 발탈, 억압, 그리고 착취 속에 살도록 한다. 하지만 긍정적인 공동체는 구성원을 위해 안전과 보호 분위기, 성장과 성숙, 그리고 완성할 수 있는 안녕의 분위기를 만든다.[115] 이러한 긍정적인 공동체라고 볼 수 있는 치유공동체인 교회는 구성원들의 사이의 육적인 것과 영적인 것, 혼적인 것과 관련된다.

치유는 공동체가 소유한다. 사람이 억압을 당하거나 착취를 당할 때 그 정당성을 보장할 수 있는 곳은 치유공동체의 몫이다. 모든 인간은 어디에서나 내담자를 지원하는 공동체가 필요하다. 특히 치유상담자는 지지하는 치유공동체를 가지고 있고 그 안에는 내담자도 있다. 그러한 공동체 속에 있다는 것은 진정한 인간의 치유 맥락 안에 있는 것이다.[116] 미국 포드햄대학교(Fordham University) 목회 상담학 교수였던 마가렛 콘펠드(Margaret Kornfeld)는 역동적인 치유공동체에 대하여 말하기를, "공동체는 단순히 치유가 발생하는 장소의 의미를 넘어선다. 다시 말하면, 공동체란 치유의 역사가 이루어지는 수단이다"라고 하였다.[117] 하나님은 치유 공동체인 교회를 통해서 각 구성원의 육적인, 영적인, 정신적인 아픔이 치유되고, 상한 심령이 회복되며, 절망에서 허우적대는 내담자들이 희망을 발견하셨다.[118] 그래서 마태복음 16:18에 의하면, 예수님은 진정 필요를 위해서 여러 개인과 종종 소그룹들과도 치유 상담을 하셨다.

"또 내가 네게 이르노니 너는 베드로라 내가 이 반석 위에 내 교회를 세우리니 음부의 권세가 이기지 못하리라"(마 16:18)

그 가운데 대표적인 것이 그가 승천하신 후에 그의 일을 계승하게 할 목적으로 준비시킨 소그룹의 제자들이었다. 예수님이 치유

상담 공동체를 처음으로 언급하신 것은 제자들과 함께한 치유 상담의 시간이었다.[119] 이후 치유 공동체인 교회는 가르치고 전도하고 섬기고 치유 상담의 사역을 계속하였다. 이러한 활동들은 목사나 다른 교회 지도자들의 특별한 사역으로 간주하지 않았다. 그리고 교회 밖의 불신자들을 위해서도 일하며 나누고 치유하는 것은 보통 그리스도인들에 의해 이루어졌다. 그래서 사도행전과 서신서에 의하면, 교회가 예배하고 전도하여 가르치고 제자를 훈련하는 공동체였을 뿐만 아니라 서로를 극진하게 치유하는 공동체였다는 것이다.[120]

예수 그리스도의 이름으로

예수 그리스도의 이름은 다른 어떤 이름보다 뛰어나다. 그 이름을 치유공동체가 아무리 많이 사용하고 아무리 자주 반복할지라도 지나치지 않다. 사도행전 3:1-10에 의하면, 제자들이 예수 그리스도의 이름으로 앉은뱅이를 치유한 사건이 언급된다.

"제 구 시 기도 시간에 베드로와 요한이 성전에 올라갈새 나면서 못 걷게 된 이를 사람들이 메고 오니 이는 성전에 들어가는 사람들에게 구걸하기 위하여 날마다 미문이라는 성전 문에 두는 자라 그가 베드로와 요한이 성전에 들어가려 함을 보고 구걸하거늘 베드로가 요한과 더불어 주목하여 이르되 우리를 보라 하니 그가 그들에게서 무엇을 얻을까 하여 바라보거늘 베드로가 이르되 은과 금은 내게 없거니와 내게 있는 이것을 네게 주노니 나사렛 예수 그리스도의 이름으로 일어나 걸으라 하고 오른손을 잡아 일으키니 발과 발목이 곧 힘을 얻고 뛰어 서서 걸으며 그들과 함께 성전으로 들어가면서 걷기도 하고 뛰기도 하며 하나님을 찬송하니 모든 백성이 그 걷는 것과 하나님을 찬송함을 보고 그가 본래 성전 미문에 앉아 구걸하던 사람인 줄 알고 그에게 일어난 일로 인하여 심히 놀랍게 여기며 놀라니라"(행 3:1-10)

이러한 예수 그리스도의 복음은 신분의 귀천이나 남녀노소의 문제를 뛰어넘어 이방인이든 유대인이든 간에 누구나 듣는 자에게는 구원의 체험이요 하나님이 함께하시는 사건임을 증여한 것이다. 이것은 교회의 출발점이 되며, 그 정점은 예수 그리스도이시다. 치유공동체는 예수가 그리스도이심을 믿는 공동체뿐만이 아니라 예수 그리스도의 이름으로 모이고, 예배하고 세례를 주며, 기도하고 치유 상담을 펼치며, 복음을 전하는 정체성을 가진 공동체라는 것이 가장 중요한 것이다.[121]

치유 상담 설교

치유 상담 설교는 질병과 죄악의 세력을 파괴하는 영적인 힘과 영적인 권세가 있다. 치유 상담 설교 중에는 치유가 일어나며, 귀신이 떠나가는 강한 역사가 일어나며, 아울러 육체적인 치유도 일어난다.[122] 사도행전 8:5-13에 의하면, 빌립이 하나님의 말씀을 증거 하였는데, 많은 사람에게 붙은 귀신들이 떠나갔으며, 많은 중풍병자와 걷지 못하는 사람들이 고침을 받았다.

"빌립이 사마리아 성에 내려가 그리스도를 백성에게 전파하니 무리가 빌립의 말도 듣고 행하는 표적도 보고 한마음으로 그가 하는 말을 따르더라 많은 사람에게 붙었던 더러운 귀신들이 크게 소리를 지르며 나가고 또 많은 중풍병자와 못 걷는 사람이 나으니 그 성에 큰 기쁨이 있더라 그 성에 시몬이라 하는 사람이 전부터 있어 마술을 행하여 사마리아 백성을 놀라게 하며 자칭 큰 자라 하니 낮은 사람부터 높은 사람까지 다 따르며 이르되 이 사람은 크다 일컫는 하나님의 능력이라 하더라 오랫동안 그 마술에 놀랐으므로 그들이 따르더니 빌립이 하나님 나라와 및 예수 그리스도의 이름에 관하여 전도함을 그들이 믿고 남녀가 다 세례를 받으니 시몬도 믿고 세례를 받은 후에 전심으로 빌립을 따라다니며 그 나타나는 표적과 큰 능력을 보고 놀라니라"(행 8:5-13)

또한 사도행전 14:3과 15:12에 의하면, 사도 바울과 바나바가 담대하게 하나님의 말씀을 전할 때 기적이 일어났다.

"두 사도가 오래 있어 주를 힘입어 담대히 말하니 주께서 그들의 손으로 표적과 기사를 행하게 하여 주사 자기 은혜의 말씀을 증언하시니"(행 14:3)

"온 무리가 가만히 있어 바나바와 바울이 하나님께서 자기들로 말
미암아 이방인 중에서 행하신 표적과 기사에 관하여 말하는 것을
듣더니"(행 15:12)

이렇듯 치유 상담 설교의 비중은 매우 크기 때문에 목회자는 중
요한 위치를 차지한다. 하나님은 목회자가 전파하는 하나님의 말
씀을 통하여 임재하셔서 역사하신다.[123] 그래서 목회자의 치유 상
담 설교는 어떤 사명보다 가장 위대하고 영광스러운 사명이라 하
겠다. 그만큼 치유 상담 설교가 목회자에게 차지하는 비중이 크다
는 것이다. 그것은 수많은 영혼의 생명을 죽일 수도 있고, 살릴 수
도 있는 것이 치유 상담 설교라는 점이다. 치유 상담 설교의 모든
기능에는 치유 상담의 요소가 포함되어 있다. 치유 상담 설교의 핵
심적인 요소는 사랑과 긍휼이다.[124] 따라서 현대사회와 같이 각박
하고 소외된 냉혹한 정보화 시대에서는 죄 짐을 지고 방황하는 지
친 불쌍한 영혼들에게 하나님의 사랑이 흘러넘치는 치유 상담 설
교가 절실히 요구되고 있다.

명령하는 치유기도

사도행전은 성령 행전이요 동시에 선교 행전이며, 기도 행전이
다. 사도행전에서의 초대교회는 모이면 쉬지 않고 끈질기게 전혀
기도하는 치유공동체였다. 사도행전 9:32-35에 의하면, 베드로가

명령하는 치유 기도를 함으로써 8년 된 중풍 병자 애니아가 고침을 받았다.

"그 때에 베드로가 사방으로 두루 다니다가 룻다에 사는 성도들에게도 내려갔더니 거기서 애니아라 하는 사람을 만나매 그는 중풍병으로 침상 위에 누운 지 여덟 해라 베드로가 이르되 애니아야 예수 그리스도께서 너를 낫게 하시니 일어나 네 자리를 정돈하라 한대 곧 일어나니 룻다와 사론에 사는 사람들이 다 그를 보고 주께로 돌아오니라"(행 9:32-35)

사도행전 9:36-43에 의하면, 다비다란 여제자가 죽었는데 베드로가 명령하는 치유 기도를 통하여 살린 사건이 언급되었다.

"욥바에 다비다라 하는 여제자가 있으니 그 이름을 번역하면 도르가라 선행과 구제하는 일이 심히 많더니 그 때에 병들어 죽으매 시체를 씻어 다락에 누이니라 룻다가 욥바에서 가까운지라 제자들이 베드로가 거기 있음을 듣고 두 사람을 보내어 지체 말고 와 달라고 간청하여 베드로가 일어나 그들과 함께 가서 이르매 그들이 데리고 다락방에 올라가니 모든 과부가 베드로 곁에 서서 울며 도르가가 그들과 함께 있을 때에 지은 속옷과 겉옷을 다 내보이거늘 베드로가 사람을 다 내보내고 무릎을 꿇고 기도하고 돌이켜 시체를 향하여 이르되 다비다야 일어나라 하니 그가 눈을 떠 베드로를 보고 일어나 앉는지라 베드로가 손을 내밀어 일으키고 성도들과 과부들을

불러 들여 그가 살아난 것을 보이니 온 욥바 사람이 알고 많은 사람
이 주를 믿더라 베드로가 욥바에 여러 날 있어 시몬이라 하는 무두
장이의 집에서 머무니라"(행 9:36-43)

당시 가난한 자와 약한 자들에게 나누어 함께 사는 것은 하나님
백성들의 당연한 치유 행위 중 하나였다. 초대교회의 이러한 구제
에 대한 치유 사역은 자발적인 것으로 억지가 아닌 자원함에서 우
러나온 것임을 알 수 있다.[125] 이것은 예수 그리스도의 이름으로 기
도하여 치유하고 선교하는 공동체의 모습이라고 할 수 있다. 그래
서 사회적인 관점에서 보면, 주님의 몸 된 교회는 돌봄과 치유 상
담의 공동체로서 가장 큰 잠재력을 지니고 있다.

환자의 믿음

환자의 믿음은 성령이 주시는 하나님의 은혜로운 선물이며, 믿
음을 구체화하는 헌신적인 실행이다. 하나님에 대한 믿음은 사람
들로 하여금 치유의 기적을 받아들이게 하고, 그 기적들이 하나님
의 의지와 주권 아래서 어떤 순간에도 일어날 수 있다는 것을 믿을
수 있게 한다.[126] 사도행전 14:8-10에 의하면, 루스드라의 앉은뱅이
가 있었는데 환자는 믿음으로 고침을 받았다.

"루스드라에 발을 쓰지 못하는 한 사람이 앉아 있는데 나면서 걷지

못하게 되어 걸어 본 적이 없는 자라 바울이 말하는 것을 듣거늘 바울이 주목하여 구원 받을 만한 믿음이 그에게 있는 것을 보고 큰 소리로 이르되 네 발로 바로 일어서라 하니 그 사람이 일어나 걷는지라"(행 14:8-10)

이러한 환자가 예수님에 대한 믿음을 가지고 있을 때 예수님은 그의 믿음을 보시고 치유해 주셨다.

축귀 사역

축귀 사역은 귀신을 쫓아내고 병자를 치유하는 사역을 말한다(막 6:13). 예수님은 열두 제자들에게 축귀 사역과 치유 사역의 권능을 주셨다(마 10:1-14). 즉 예수님이 하신 사역을 제자들에게 위임하신 것은 치유 사역을 더욱 효과적으로 할 수 있도록 하신 것이다.[127] 사도행전 16:16-18에 의하면, 사도 바울의 축귀 사역으로 점치는 귀신 들린 여자에게서 귀신이 떠나가 고침을 받았다고 기록한다.

"우리가 기도하는 곳에 가다가 점치는 귀신 들린 여종 하나를 만나니 점으로 그 주인들에게 큰 이익을 주는 자라 그가 바울과 우리를 따라와 소리 질러 이르되 이 사람들은 지극히 높은 하나님의 종으로서 구원의 길을 너희에게 전하는 자라 하며 이같이 여러 날을 하는지라 바울이 심히 괴로워하여 돌이켜 그 귀신에게 이르되 예수 그리스도의 이름으로 내가 네게 명하노니 그에게서 나오라 하니 귀

신이 즉시 나오니라"(행 16:16-18)

이러한 축귀 사역의 목적은 복음을 증거 하기 위한 것이며, 교회가 형성되는 과정에서 효과적인 하나님의 선교를 할 수 있게 하기 위한 것이다.

능력 전도

능력 전도는 합리적인 동시에 합리성과 함께 초월하는 방식으로 복음을 전하는 방법인데, 복음 선포함과 치유를 통해 하나님의 능력을 드러내는 것을 의미한다.[128] 사도행전 19:10-12에 의하면, 사도 바울의 에베소에서의 선교사역은 그가 능력 전도하는 가운데 치유와 귀신이 떠나가는 하나님의 역사가 일어났다.

"두 해 동안 이같이 하니 아시아에 사는 자는 유대인이나 헬라인이나 다 주의 말씀을 듣더라 하나님이 바울의 손으로 놀라운 능력을 행하게 하시니 심지어 사람들이 바울의 몸에서 손수건이나 앞치마를 가져다가 병든 사람에게 얹으면 그 병이 떠나고 악귀도 나가더라"(행 19:10-12)

이러한 능력 전도는 선교 현장에서 무수히 많은 영적 전쟁과 무관할 수 없다.[129] 영적 전쟁에 있어서 에베소 선교의 능력 전도는 혼합주의(Syncretism)와 마술(magic)에 대한 승리였다.[130] 초자연적인 사건을 통한 능력 전도는 하나님의 치유가 드러나게 됨으로써 사람들이 가지고 있는 복음에 대한 저항감이 극복될 뿐만 아니라 그리스도에 대한 진정한 믿음을 지속하여 가지면서 성숙한 그리스도인으로 성장할 수 있게 되는 것이다.[131]

안수기도

안수기도는 머리에 손을 얹고 기도하는 행위를 말한다. 성경에서 안수기도가 최초로 등장한 것은 족장이었던 야곱이 요셉의 두 아들을 축복하는 내용에서부터 시작한다. 당시 안수기도는 야곱의 경우에서만 찾을 수밖에 없으나 축복을 위해서 종종 행해졌다.[132] 사도행전 28:7-9에 의하면, 사도 바울이 선교지인 멜리데 섬에서 열병과 이질에 걸려 누워있는 보블리오의 부친에게 기도하고 안수하였더니 고침을 받았다.

"이 섬에서 가장 높은 사람 보블리오라 하는 이가 그 근처에 토지가 있는지라 그가 우리를 영접하여 사흘이나 친절히 머물게 하더니 보블리오의 부친이 열병과 이질에 걸려 누워 있거늘 바울이 들어가서 기도하고 그에게 안수하여 낫게 하매 이러므로 섬 가운데 다른 병든 사람들이 와서 고침을 받고"(행 28:7-9)

이러한 안수기도는 그 섬에 많은 병든 사람이 고침을 받는 데 매우 중요한 역할을 하여 믿고 구원받은 자가 날마다 증가하였다. 안수기도는 신약시대에 예수님이 환자들을 치유하셨던 매우 중요한 선교 방법이었던 것이다. 오늘날 안수기도를 통한 치유를 부정하는 사람들은 신약성경에서 끝났다고 말한다. 그러나 이러한 치유의 역사가 현대교회에서 많이 일어나고 있다. 예수님은 이러한 일들이 믿는 자들에게는 당연히 일어난다고 증거 하셨다(막 16:17-18).[133] 따라서 안수기도를 미끼로 미혹하는 악한 세력이 교회의 주위에 생존할 수 있다. 성도가 안수기도를 받고자 원할 때는 자신이 출석하고 있는 교회의 목회자와 상의하여 받도록 하며, 올바른 분별력으로 하고 이웃의 권유나 일시적인 감장에 의해서 치유 받는 일이 없도록 해야 할 것이다.[134]

…

결론적으로, 치유 상담과 선교에 대하여 살펴보았다. 오늘날 교회는 가정 치유를 위한 가장 유리한 장소다. 가족 모두가 한 공동체 속에 속해 있는 곳이 드문 오늘날에 교회는 부모와 자녀가 모두 함께 모일 수 있는 곳이다. 이것은 수세대에 걸쳐 형성되어 온 것으로 온 가족이 치유 상담을 받을 수 있는 가장 유리한 곳이다.[135] 이러한 치유공동체에서 목회자는 치유 상담을 통해 영적, 정신적, 육체적 문제를 지닌 개인과 가족들에게 치유를 가져다주도록 도울 수 있다. 과거 치유 상담은 본래 교회의 역할이었다. 현대교회의 여러 가지 한계를 뛰어넘는 방법도 치유 상담에서 찾는 것이 가장 현실적인 접근방식이라는 인식이 확산되고 있다. 하나님의 능력이 교회에 임하는 중요한 수단과 매개체로서 치유 상담을 꼽는 것은 지극히 당연한 것으로써 문제의 홍수 속에 살고 있는 현대인들에게 교회에서 치유 상담의 시대적 요청은 절실하지 않을 수 없다.[136] 세상 사람들은 말할 것도 없고 심지어 하나님의 자녀임을 고백하는 그리스도인들까지 자신과 가족의 영과 정신, 그리고 육체적 질병을 가지고 교회가 아닌 세상 상담 기관을 찾게 될 때, 예수님께서 몸 된 교회에 맡겨주신 사명과 권위는 송두리째 잃어버리고 말 것이다. 그러면 교회는 다만 사람들끼리 만나 친교를 나누는 공동체 정도로 전략할 수밖에 없다.[137]

세계적인 선교학자이자 미국 에즈배리신학교(Asbury theological seminary) 선교학 교수를 지낸 하워드 스나이더(Howard A. Snyder)는 치유공동체로서의 한국교회에 대하여 말하기를, "21세기 교회는 하이터치(high touch)를 제공하는 공동체로서의 사명을 감당해야 한다고 했던 것처럼 한국교회는 개인의 영혼을 돌보고 세상을 치유하는 기능을 좀 더 진지하게 고려해야 할 시기에 있다"라고 지적하였다.[138] 최근 들어, 치유공동체로서의 교회에 대한 정체성에 대해 많은 논의가 시작되고 있다.[139] 그만큼 교회는 하나님의 사랑으로 치유하고 보다 높은 수준으로 인도할 최후의 선교 보루이기 때문이다. 교회는 총체적으로 전인적인 치유를 하기에 너무나 좋은 선교의 조건들을 갖추고 있다.[140] 사회 전체적으로 볼 때, 교회는 치유 공동체로서 가장 큰 선교의 잠재력을 지니고 있다는 것이다.

그래서 미국 고든콘웰신학교(Gordon Conwell Theological Seminary)[141] 명예 총장이요, 대표적인 구약 성서학자 월터 카이저(Walter C. Kaiser)는 치유 공동체인 교회의 역할에 대하여 말하기를, "그리스도의 치유와 기적의 역사가 사도 시대뿐만 아니라 세상 끝날까지 유효한 것이다. 교회가 치유하는 공동체로서 예수님의 선교 명령을 성취하기 위해 교육과 봉사, 치유 사역을 이루어 나가야 한다. 치유 과정에 있어 상담과 의심 없는 기도, 주님과의 만남을 통한 병 고침과 믿음이 중요하다"라고 하였다.[142] 이러한 선교적인 관점에서 치유 공동체를 통한 치유 상담의 필요성은 너무나 크고 절박하기에 목회자 한 사람의 힘으로는 일일이 도움을 필요로 하는 사람들의 요구를 충족시켜 줄 수 없을 때 유능한 치유 상담 요원을 형성하여 그 짐을 나누는 것이 중요하다.[143] 따라서 치유공동체의 근본적인 선교목적은 하나님 나라를 이 땅에 재현하는 것이며, 하나님 중심이기 때문에 병든 자의 신앙 강화에 이바지하는 것이다. 그래서 성령은 치유 공동체인 교회 안에 그 필요성이 있을 때마다 새로운 치유 상담의 사역을 제공해 줄 것이다.

3장 치유상담자의 올바른 선교적 자세

치유 상담은 대화를 통해 인간관계(relationships)에 중요한 결과를 가져온다. 그것은 사람과 사람 사이의 대화로 성공적일 수도 있는 반면에 실패할 수도 있다. 그래서 대화에는 치유상담자의 올바른 선교적 자세가 매우 중요하게 요구된다. 사람은 만남을 통해 관계를 맺게 되는데 그 방법이 바로 커뮤니케이션이다. 커뮤니케이션은 서로의 의견을 나누고, 자신과 다른 사람, 그리고 하나님과의 관계를 회복시키는 선교 방법이다.[144] 커뮤니케이션이란 대화를 통해 서로의 의견을 나누면서 닫힌 마음을 열고 교제하는 것이다. 이것은 단순한 대화보다는 마음을 개방하는 것으로 문제의 원인을 제거하면서 문제는 저절로 해결된다.[145] 그래서 치유 상담에서 가장 중요한 것은 치유상담자와 내담자의 말에 대한 경청과 내담자의 정서와 심리에 대한 공감, 내담자의 심리적 문제를 진단하는 것이다.[146] 따라서 내담자를 위한 전인적인 치유 상담을 위해서 경청과 공감, 질문, 진단에 대한 바람직한 치유상담자의 올바른 선교적 자세에 대하여 살펴보고자 한다.

경청

경청(listening closely)은 치유 상담에 있어서 매우 중요한 상담 자세 중 하나다. 치유상담자는 내담자를 처음 만나는 순간부터 상담의 마지막까지 경청해야 한다.[147] 치유상담자에게 있어서 경청은 내담자를 상담하는데 결정적인 진단을 해야 하는 만큼 매우 중요한 부분이다.[148] 경청은 내담자의 마음을 여는 키가 되기 때문이다. 그래서 뉴잉글랜드 목회컨설턴트(New England Consultants in Ministry) 리더였던 요셉 무어(Joseph Moore)는 치유상담자의 역할에 대하여 말하기를, "상담자는 오직 주의 깊게 듣는 것이다. 주의 깊게 경청하는 것은 상당한 인내심과 훈련이 필요로 하는 상담기술이다. 내담자의 이야기를 주의 깊게 경청하는 것은 상담자가 내담자에게 줄 수 있는 가장 아름다운 선물임에 틀림이 없다"라고 하였다.[149] 이러한 경청은 사랑을 그 본질로 하고 있으며, 한 인간을 있은 그대로 받아들여 그 고통에 참여하는 일이다. 이렇게 경청의 특성을 내담자로 하여 자신의 존재가치를 확인하게 하고, 사고와 감정의 환기 능력을 가지고 있어서 상처받은 과거의 경험과 억압된 정서를 정화하기 때문에 그 자체만으로도 훌륭한 치유의 기능을 하게 되는 것이다.[150] 효과적인 경청의 핵심은 무엇보다 내담자의 말에 깊은 관심을 갖는 것이고, 이것을 말, 시선, 표정, 자세 등을 통하여 내담자에게 믿게 하는 것이다. 이처럼 경청은 단순히 잘 듣는 차원의 이상으로, 듣는 것은 귀로 듣는 육체적 행동을 의미한다.[151] 그래서 로마서 12:15와 갈라디아서 6:2에 의하면, 경청은 상대방에게 전인적으로 참여하는 영적인 행위라고 말한다.

"즐거워하는 자들과 함께 즐거워하고 우는 자들과 함께 울라"(롬 12:15)

"너희가 짐을 서로 지라 그리하여 그리스도의 법을 성취하라"(갈 6:2)

또한 경청은 즐거워하는 자들과 함께 즐거워하고, 슬퍼하는 자들과 함께 슬퍼하는 일이며, 서로 남의 짐을 지며 그리스도의 법을 지키는 일이다. 치유상담자의 경청은 내담자가 그의 말에 귀를 기울여 열심히 듣는다는 소극적인 기법이 아니라 내담자로 하여 말하지 않을 수 없도록 하는 적극적인 선교의 자세다.[152]

시선을 주목하라

치유상담자가 내담자에게 시선을 주목하는 것은 관심이 있음을 알리는 효과적인 선교 방법이다. 이러한 시선은 내담자에게 부담을 주지 않는 자연스러운 것이어야 하고 상대방을 이해하고 있다는 메시지가 충분히 내포되어 있어야 한다.[153] 따라서 경청은 관심의 집중으로 치유상담자가 모든 동작을 중지하고 내담자에게 관심을 집중하는 것을 그의 말에 끝까지 따라가며 온전히 그 사람만 주목하는 것이다.[154]

편안하게 하라

치유상담자의 어색하거나 경직되지 않은 자연스러운 자세는 내담자를 편안하게 한다. 하지만 너무 몸을 뒤로 젖힌다거나 앞으로 숙이거나 옆으로 기울이는 등의 부자연스러운 자세는 피하는 것이 좋으며, 내담자를 향하여 약간만 몸을 기울이는 듯한 자세가 바람직하다. 치유상담자의 어색한 자세는 분위기를 경직시키고 내담자의 불안과 긴장을 유발할 위험이 있다.[155] 미국 로욜라대학교(Loyola University) 교수 제럴드 이건(Gerald Egan)은 경청에 대하여 말하기를, "첫째, 내담자를 정중하게 똑바로 마주 대하라. 둘째, 열린 자세를 취하라. 셋째, 내담자를 향해 몸을 기울이라. 넷째, 적절한 눈의 접촉을 유지하라. 마지막으로 다섯째, 상담자 자신의 긴장을 완화시켜라"라고 언급하였다.[156] 따라서 성공적인 치유 상담은 대화의 기술에 좌우되며, 성공적인 대화는 경청의 기술에 달려 있다.[157] 예를 들면, 치유상담자는 이슬람교 경우 토론의 열기가 높아지거나 내담자인 무슬림들이 경건하지 않게 진술을 하더라도 침착해야 하며 우호적이어야 한다. 이러한 경청의 태도로 진정한 관심을 보이는 사람은 나중에 경청하는 사람들을 얻을 수 있을 것이다.[158]

언어적으로 반응하라

치유상담자는 언어를 온화하고 편안하게 구사해야 한다. 왜냐하면 치유상담자의 음성이 지나치게 크거나 작은 것, 거부감을 가질 수 있는 음색, 불안하게 하는 억양은 대단히 위험할 수 있기 때문이다. 또한 내담자의 진술에 상응하지 못하고 지나치게 앞서 나가며, 적절하지 못한 질문을 함으로써 대화의 흐름을 차단할 뿐만 아니라 다른 방향으로 대화를 이끌어 나갈 수 있기 때문이다.[159] 치유상담자는 이러한 언어적 반응을 피하고 내담자의 의도를 확인하면서 거기에 초점을 맞추어야 한다. "아 그렇군요.", "충분히 이해됩니다.", "결국 그것이 문제였군요." 등의 언어적 반응은 치유상담자가 열심히 경청하고 있을 뿐만 아니라 내담자의 의도를 적극적으로 이해하고 있다는 사실을 확인시켜 주는 것이다.[160]

비언어적으로 반응하라

치유상담자의 비언어적인 메시지는 언어적인 메시지보다 더 빠르고 정확하며 강하게 전달된다. 즉 내담자의 얼굴에서의 표정, 몸의 동작과 자세, 목소리의 고조, 침묵, 몸의 단장 등을 통한 메시지로 치유상담자는 비언어적인 메시지로 경청해야 한다.[161] 치유상담자가 비언어적인 메시지의 경청에 있어서 내담자가 좋아하는 경우, 전체 표현 중에서 말로 좋아하는 표현(verbal liking)을 한 사람은 7%, 목소리로 좋아하는 표현(vocal liking)을 한 사람은 38%, 얼굴에서의 표정으로 좋아하는 것(facial liking)을 표현한 사람은 55%였다고 한다.[162]

경청은 감정을 수용하는 것으로, 즉 말하는 사람이 하는 말을 순수하게 받아들일 뿐만 아니라 언어의 이면을 꿰뚫어 비언어 속에 숨은 뜻인 감정을 듣는 것이다.[163] 만일 치유상담자가 수시로 시계를 들여다 본다든지, 창밖을 살핀다든지, 말을 하면서 지나친 손짓과 발짓을 한다든지, 계속해서 팔장을 끼고 있으면 내담자를 불안하게 하고 혼란을 줄 수 있다.[164] 따라서 치유상담자는 자신의 행동이 내담자에게 어떤 영향을 미치고 있는지 항상 헤아릴 줄 알아야 하며 수정해 나가야 할 것이다.

자신처럼 사랑하라

경청은 치유상담자가 내담자를 사랑하는 것이다. 그것은 치유상담자가 진지하게 듣는 것이다. 이는 내담자로 인하여 자신이 사랑받을 만한 가치가 있는 존재로 느끼게 하여 마음을 쉽게 열게 하는 것이다.[165]

온전히 봉사하라

경청은 치유상담자가 내담자를 위해 봉사하는 것이다. 진정한 경청은 전인적으로 듣는 것이기 때문에 엄청난 수고를 동반한다. 이것은 정신적이고 육체적인 에너지의 집중이 필요하다. 치유상담자가 내담자를 경청하는 것이 힘든 일이기에 다른 영혼을 섬겨야겠다는 각오와 결심이 있어야 온전한 경청이 이루어지는 것이다.[166]

따라서 이러한 훌륭한 치유상담자의 경청은 수용적이며 개방적인 자세를 유지하게 한다. 그리고 내담자로 하여 충분하게 따뜻하고 진실한 만남을 가지고 있음을 느끼게 할 뿐만 아니라 침묵이 있을 때 서두르지 않고, 자기만이 진실한 체하지도 않으며, 내담자가 무엇을 느끼고 있는지를 감지한다. 또한 내담자의 상황 속으로 들어와 함께 아파하고 공감하며, 자신의 생각과 느낌을 그대로 반영해 주기도 한다.[167] 아울러 이 경청의 능력은 훈련으로 되는 부분도 있겠지만 성령의 역사로 치유상담자에게 주어지는 은사이기도 하다. 성령은 치유상담자가 내담자의 말의 의미를 잘 해석할 수 있도록 도우신다.[168] 그래서 치유상담자는 내담자의 말을 잘 경청할 수 있도록 성령의 도우심을 간구해야 할 것이다.

공감

치유상담자가 내담자를 이해하고 알아주기 위해서는 그 사람의 마음과 심리적 상태가 어떠한지 이해하면서 들어 주는 것이 필요하다. 이러한 공감(empathy)은 내담자의 심리를 안정시키는데 절대적이다.[169] 공감은 치유상담자가 내담자와의 심리적 거리를 좁히기 위한 진정한 대화를 의미한다. 그래서 치유상담자는 내담자의 분노와 절망감을 충분히 공감하고 느낄 때 동일시되는 것이다.[170] 미국의 실존주의 상담학자 롤로 메이(Rollo R. May, 1909~1994)는 『상담의 기술』(The Art of Counseling)이라는 저서에서 공감에 대하여 말하기를, "상담에 있어서 열쇠와 같은 것이다"라고 하였다. 치유상담자는 기본적으로 공감을 통해서 내담자의 치유 상담을 시작한다. 공감은 치유상담자와 내담자 간에 정신적이고 신체적인 융합이다. 치유상담자의 공감은 내담자의 감정에 영향력을 미치는데 심리적 안정과 인격에 도움을 주는 것이다.[171]

이러한 공감에는 두 가지 개념(concept)을 내포하고 있다. 첫째, 치유상담자가 내담자의 언어 속에 깔려있는 중요한 감정과 태도, 신념, 가치 기준을 포착하는 것이다. 둘째, 치유상담자가 내담자의 외적인 측면만 아니라 내적인 측면까지 알게 되었다는 것을 내담자에게 알려 주는 것이다.[172] 이처럼 치유상담자가 내담자를 이해하지 않을 때, 치유 상담은 진전을 기대하기가 어렵게 되며, 이해하지 못하는 상태에서 진정한 대화가 이루어질 수 없게 되는 것이다. 공감은 다른 말로 하면, 치유상담자와 내담자의 심리적 거리를 앞당기는 것을 볼 수 있다. 따라서 심리적 거리를 축소해야 훌륭한 치유 상담이 될 수 있다.[173] 이것은 내담자로 하여 치유상담자의 대화가 가능한 사람으로 인식하게 될 뿐만 아니라 더욱 깊은 신뢰를 형성하게 되어 선교하는 데 긍정적인 영향을 준다.

일반적으로 공감을 잘하는 치유상담자에는 몇 가지 특성을 가진다. 첫째, 내담자의 말을 자기 자신의 입장과 관점에서 듣기보다는 내담자의 입장과 관점에서 이해하려고 노력한다. 둘째, 내담자가 하는 말의 사실적 의미와 더불어 그 속에 포함된 정서적 의미를 포착하려고 노력한다. 셋째, 내담자가 충분히 표현하지 못한 감정을 정확한 언어로 내담자에게 적절하게 전달해 주려고 노력한다. 이런 경우 내담자는 자신이 충만히 이해받고 있음을 느끼게 된다.[174] 따라서 치유상담자는 내담자의 이야기를 잘 들으면서 긍정적으로 지지해 주어야 한다. 이를 위해서 치유상담자는 상담하기 전 성령을 의지하는 가운데 내담자를 공감해야 할 뿐만 아니라 내담자를 위해 간절한 중보기도를 해야 할 것이다.

질문

질문은 치유 상담의 과정에서 내담자를 더 깊이 이해하고 있는 방법이다. 이러한 질문을 통해 치유상담자는 내담자의 여러 측면에 대해 살펴볼 수 있다. 그러나 내담자에게 어떻게 질문을 하느냐가 중요하다. 질문은 내담자의 자기 탐색을 방해하지 말아야 한다. 치유상담자가 자신의 궁금증을 충족하기 위해 질문을 하면 자칫 내담자의 자기 탐색을 방해할 수 있다.[175] 그래서 내담자는 자신이 말하고 싶은 것을 뒤로하고 치유상담자의 질문에 먼저 대답해야 한다. 또한 치유상담자가 너무 많은 질문을 하면 내담자는 혼란을 일으키고 위축감을 느끼게 된다. 내담자는 치유 상담에서 점차 방어적인 태도를 취하게 되고 치유상담자가 질문을 하지 않는 경우 섣불리 자신이 먼저 이야기를 꺼내지 않게 될 수도 있다.[176]

열린 질문을 하라

치유상담자의 열린 질문은 내담자에게는 다음과 같은 효과를 가져다준다. 첫째, 치유 상담의 방향에 대한 체계적인 틀을 제시하여 준다. 둘째, 치유 상담이 순조롭게 진행되도록 한다. 셋째, 내담자의 관심사를 정확하게 지적하고 명료화하며, 내담자가 자기 탐색을 하는 데 도움을 준다. 마지막으로 넷째, 내담자의 세계관에 대한 진단과 평가를 가능하게 해 준다.177 열린 질문은 내담자가 '예'

와 '아니오'의 한두 마디의 명확한 대답으로 제한하는 것이 아니라 내면에서 일어나는 것들을 내담자는 자기 자신의 생각과 느낌을 명확하게 탐색하는 것으로 직접적으로 표현하도록 돕는 것을 말한다.178

예를 들면, 다음과 같은 열린 질문을 할 수 있다.179 첫째, "오늘은 무엇에 대하여 이야기하고 싶으세요?"(탐색 격려하기). 둘째, "오늘 상담 시간 중에 어떤 일이 일어날까요?"(치유 상담에 대한 기대 탐색하기). 셋째, "이 상황에서 당신이 겪었던 다른 경험들과 어떻게 다른가요?"(문제의 다른 부분을 탐색하기). 넷째, "그것에 대하여 좀 더 이야기해 주세요?"(탐색을 요구하기). 다섯째, "그 말은 무엇을 의미하죠?"(명료화 & 집중을 격려하기). 여섯째, "당신은 그때 무슨 생각을 했는지 조금 더 이야기해 주세요."(사고의 탐색 격려하기). 일곱째, "당신이 느꼈던 감정에 대하여 어떻게 했나요?"(감정의 탐색 격려하기). 마지막으로 여덟째, "당신이 이 당황스러운 감정을 느낀 최근의 예를 들어주세요?"(예를 요구하기). 이러한 열린 질문은 내담자의 사고를 정리하고 초점을 맞추며 변화의 필요성을 인식하게 된다.180 반면 닫힌 질문은 다음과 같은 부정적인 영향을 끼친다. 첫째, 질문이 마치 경찰이 심문하는 것처럼 여겨질 수 있다. 둘째, 내담자의 이야기를 통제할 가능성이 있다. 마지막으로 셋째, 특히 동양 문화권에서 치유상담자가 질문을 많이 하면 공격적으로 여겨져 내담자는 방어적인 태도를 가질 수 있다.181

금지사항을 피하라

치유상담자는 내담자가 말문을 열고 자신의 문제를 나타내기 시작하면 반응에 있어서 주의해야 한다. 특별히 치유상담자는 내담자와 대화를 나눌 때 여섯 가지 금지사항에 유의해야 할 것이다.[182]
첫째, 훌륭한 치유상담자는 자신의 이야기를 너무 자세히 하지 않는다. 예를 들면, 내담자가 알코올 중독에 걸린 배우자의 문제로 고민하고 있는데, 마침 치유상담자의 가족 중에 알코올 중독에 걸렸던 사람이 있었을 때, 내담자에게 자신의 경험담을 들려주고 싶어 한다. 이런 경우, 너무 자신의 경험을 상세히 이야기하는 것은 좋지 못하기 때문에 확실히 아는 것이라도 간단하게 말하고 즉시 주의를 내담자에게 돌려야 한다. 둘째, 훌륭한 치유상담자는 내담자의 감정 표현을 막지 않는다. 내담자가 치유상담자와 상담을 하면서 비언어적인 기쁨과 분노, 슬픔 같은 감정을 표현할 때 그만하라고 말해서는 안 되며, 소리치고 흐느끼면 내버려 두어야 한다.

예를 들면, 10대들의 경우는 감정이 흥분해서 정신을 못 차리면 그대로 내버려 두어야 한다. 이것은 내담자가 치유상담자의 대화에 잘 반응하고 있는가를 보여 주는 것이다. 셋째, 훌륭한 치유상담자는 상투적인 문구를 사용하지 않는다. 예를 들면, "시간이 지나면 상처는 아물게 됩니다."라는 문구는 사용하지 않아야 한다. 이러한 문구를 사용하는 것은 치유상담자가 노력한 대가도 없이 문제로부터 빗나가게 하는 것이다. 넷째, 훌륭한 치유상담자는 동정심을 유발하지 않는다. 치유상담자가 내담자를 돕는 과정에서 내담자가 친한 친구라면 동정을 표현할 수도 있겠지만 누군가에게 동정을 표현하며 손을 잡는 것은 상담에서 그리 도움이 되지 못한다. 다섯째, 훌륭한 치유상담자는 경고하지 않는다. 치유상담자는 윤리적 판단자가 아니다. 치유상담자는 열린 질문을 하여 내담자가 자신을 위한 일을 분명히 말하도록 유도해야 할 것이다. 마지막으로 여섯째, 훌륭한 치유상담자는 훈계나 비난을 하지 않는다. 예를 들면, "당신은 해야 합니다.", "내가 당신이라면."과 같은 질문은 피하는 것이 좋다. 문제를 분석하는 것은 치유상담자의 역할이 아니다. 그것은 내담자가 말로 표현함으로써 해결해야 할 일이다. 마태복음 26:21-25에 의하면, 최후의 만찬에서 예수님은 가룟 유다에게 사랑의 권고와 돌이킴을 위한 호소, 책임을 촉구하는 사랑의 소리로 말씀하셨다. 따라서 치유상담자의 역할은 내담자를 위해 언제까지나 사랑의 말과 태도로 훌륭한 경청자가 되어야 할 것이다.

...

결론적으로, 치유상담자의 올바른 선교적 자세에 대하여 살펴보았다. 오늘날 개인의 필요에 대해 질문하고 내담자의 이야기를 들어보지도 못한 채 충고하기에만 급급한 경우가 너무나 많다. 그만큼 훌륭한 경청이 부족한 시대라고 하겠다.[183] 그래서 치유상담자의 올바른 선교적 자세에 대하여 구체적으로 준비되어야 한다. 치유 상담의 대부분 시간은 탐색과 진단을 위해서 보내게 된다. 하지만 탐색과 진단이 끝난 후에는 가장 적합한 성경적 대안, 방법, 사고, 행동 등을 확정하여 이를 실천해 나가는 문제의 해결 단계는 성공적인 치유 상담에서의 결실이라고 할 수 있다.[184] 하지만 치유 상담의 과정은 내담자의 내면에서 이루어지는 것이므로 치유상담자는 도움을 주는 사람으로서 이 치유 상담을 끊임없이 최고의 치유상담자 되신 예수 그리스도께 맡겨야 한다. 물론 내담자를 돕기 위한 여러 가지 치유 상담의 접근 방법들을 실행함으로써 내담자가 문제를 극복하거나 일정한 수준까지 성장하고 변화할 수 있도록 도울 수 있다. 그러나 치유상담자의 자세는 치유 상담의 필요한 사항을 생각하고 인간적인 고귀한 노력을 하기 전에 자신과 내담자가 간직하고 있는 문제들을 내담자 속에 거하시는 성령 하나님께 맡겨야 한다. 왜냐하면 치유상담자의 상담 방법과 능력에는 분명히 한계가 있기 때문이다.

그래서 4세기 알제리와 이탈리아에서 활동한 신학자 우렐리우스 어거스틴(Aurelius Augustine, 354~430)은 자신의 저서 『고백』(Confessions)에서 상한 감정을 가진 인간에 대하여 말하기를, "인간의 마음은 오직 하나님 안에서만 진정한 평안을 얻을 수 있다"라고 하였다.[185] 따라서 치유 상담기술을 사용하는 치유상담자는 마음의 치유와 궁극적인 치유가 오직 예수 그리스도를 통해서만 얻어진다는 사실을 명심해야 할 것이다.

4장 치유 상담의 다양한 접근방법론

현대 의학계에 종사하고 있는 사람들은 심리적인 차원과 영적인 차원을 무시하며, 단지 물질적인 차원에서만 육체적인 질병이나 정신적인 질환을 고치려는 경향이 있다. 반면 그리스도인들은 현대 의학의 도움을 전적으로 거부하며 오직 치유의 기도만을 고집하는 일도 있다.[186] 이런 사람들에게 하나님은 현대 의학의 방식을 통하여 제공되는 정신분석 상담이나 심리 치유, 약물 치유 등의 중요한 치유 방법을 무시하는 극단적인 태도로서 대단히 위험하다. 이처럼 인간의 본질을 총체적인 관점에서 이해할 경우, 병든 자를 위하여 기도할 때 그 질병의 상태나 육체의 어느 부위가 치유되기를 기도하는 것이 아니라 그 사람의 인격 전체를 위하여 기도해야 한다.[187] 치유 상담의 다양한 접근 방법의 조화로운 이해와 적용이 이루어질 때 비로소 효과적인 선교의 활용성을 극대화할 수 있다.

치유상담자의 관심은 하나님의 백성들을 위해 정신적인 고통이나 육체적, 그리고 사회적인 문제와 필요를 채워주는 것만으로는 부족하다. 물론 일반적인 상담의 기술로서 충분하나 인간은 더 궁극적인 질문을 할 수 있는 피조물이다. 그래서 영적인 욕구와 필요를 충족하지 않으면 안 되는데, 이것은 하나님의 구원 능력을 전달하려는 궁극적인 관심에서 치유 상담의 접근 방법들이 필요한 것이다.[188] 치유 상담의 실제적인 방법은 상담의 이론을 근거로 하여 이루어졌다. 치유 상담의 여러 이론은 제각기 특징을 가지고 있으며, 서로 보완적 관계를 유지하고 있다. 그러므로 치유상담자는 자신에게 유익한 이론을 근거로 하여 치유 상담 방법을 활용하면 좋을 것이다.[189] 따라서 치유상담자가 마태복음 10:16을 통해 하나님께서 인간에게 허락하신 지식을 가지고 지혜롭게 사용할 수 있어야 할 치유 상담의 다양한 접근방법론에 대하여 살펴보고자 한다.

"보라 내가 너희를 보냄이 양을 이리 가운데로 보냄과 같도다 그러므로 너희는 뱀 같이 지혜롭고 비둘기 같이 순결하라"(마 10:16)

정신분석 치유 상담

정신 분석학(精神分析學, Psychoanalysis)은 지그문트 프로이드(Sigmund

Freud, 1856~1939)와 그 학파들이 발전시킨 것으로 심리 치유 방법으로 모든 심리 치유 기법의 기초가 된다. 프로이드의 정신 분석적 기법은 당시 상담학계에서 획기적인 이론이었다. 프로이드의 정신분석의 목표는 무의식 속에 있는 억압된 갈등을 언어를 통하여 의식화하여 이드(id)[190]가 있는 자리에 자아(ego)가 있게 하여 억압된 갈등을 제거하는 것이다.[191] 정신 분석가들은 고통스러웠던 유년기 시절의 경험을 재현하여 그것을 해결하는 것이 필수적이라고 보았다. 이 과정은 발산 또는 카타르시스(catharsis)라고 보았고, 무의식적인 것을 의식화함으로 자아(ego)는 강화된다고 본다.[192] 정신분석 치유 상담에는 다섯 가지 기술로 다음과 같이 나누어 볼 수 있다.

첫째, 자유연상이다. 정신분석 상담의 핵심적인 기술은 자유연상 (free association)이다. 치유상담자는 내담자로 하여 매일 매일의 생각들과 선입견들을 깨끗이 제거하도록 지시하여 마음속에 떠오르는 것이면 무엇이든 이야기하게 한다. 그것은 내담자가 어떠한 잠재적인 억압도 받지 않고, 어떤 감정이나 생각들을 즉시 보고하여 감정들과 생각들을 흘러넘쳐 버리게 하는 것이다.[193] 그래서 자유연상은 과거의 경험들을 상기시키며 과거의 충격적 상황과 관련되어있는 감정들로부터 해방하는 방법이다. 이것은 정화(catharsis)로 알려져 있는데, 정화란 내담자의 고통스러운 경험들을 잠시 경감시킬 수는 있겠지만 그 자체만으로는 현대 심리분석 치유 과정에서 주요한 역할을 담당하지는 못한다. 정화는 내담자의 억압된 감정 중의 일부를 순화시켜 통찰의 달성을 위해 길을 예비한다.[194] 치유상담자는 내담자가 더욱 객관적인 자기성찰과 자기평가를 할 수 있도록 도와주기 위하여 자유연상의 주요 의미를 해석한다. 이러한 자유연상의 과정에서 치유상담자의 사명은 무의식에 잠재해 있는 억압된 재료들을 찾아내 내담자에게 해석해 주어 그의 심리 상태에 억압하고 있는 정신의 역동성에 대한 통찰을 얻도록 이끌어 주는 것이다.[195]

둘째, 해석이다. 해석은 자유연상과 꿈, 그리고 저항과 전이 관계 등을 분석하는 데 사용하는 기초적인 절차를 말한다. 이러한 절차를 통해 치유상담자는 자유연상과 꿈, 그리고 상담 과정 자체에서 명백히 나타나는 행동의 근본적인 의미들을 내담자에게 지적해 줄 뿐만 아니라 설명해 주고, 가르쳐 주는 것으로 구성된다.[196] 해석의 기능은 내담자의 자아로 인해 새로운 재료들을 소화 시키게 하여 내담자의 무의식적인 재료들을 더 깊이 탐색하여 내도록 가속화 하는 역할이다. 해석에 있어서 규칙은 첫째로 해석해 주어야 할 무의식에 잠재되어 있던 사건들이 내담자의 의식에 가까이 왔다고 판단되었을 때 해석해 주어야 한다. 둘째로 해석은 항상 표면에서부터 시작하되 내담자가 그 상황을 감정적으로 경험하면서 갈 수 있는 깊이까지만 해석해야 한다. 셋째로 해석은 저항이나 방어 수단 밑에 깔려있는 감정이나 갈등을 해석하려고 할 때는 먼저 저

항이나 방어 수단을 지적해 주어야 한다.[197]

셋째, 꿈의 해석이다. 꿈의 해석은 무의식 재료를 노출 시켜 미해결의 문제에 대한 통찰을 얻게 하는데 중요한 수단으로 작용 (operation)한다. 사람은 잠을 자는 동안 자아 방어 수단이 낮추어져 억압된 감정들이 표면에 떠오른다. 그래서 프로이드는 꿈이 무의식으로 통하는 지름길이라고 보았다. 그것은 꿈에서 무의식적 소원과 욕구, 그리고 공포가 표면화되기 때문이다.[198] 꿈은 전혀 다른 내용을 포함하는데, 하나는 잠재된 내용이며, 다른 하나는 명백히 명시된 내용이다. 치유상담자의 사명은 꿈의 명시된 내용 속에 표출된 상징들을 연구하여 그 꿈속에 위장된 채로 잠재된 내용을 노출시키는 것이며, 또한 내담자로 하여 꿈의 명시된 내용을 이야기하게 하여 그 꿈속에 잠재된 내용을 노출시켜 무의식 재료에 대한 통찰을 기대하게 하는 것이다.[199]

넷째, 저항의 분석과 해석이다. 정신분석의 실제에서 근본 개념인 저항은 상담의 진행을 방해하여 내담자의 무의식 재료를 노출시키지 못하도록 하는 것을 의미한다. 이럴 때 자유연상이나 꿈의 연상을 해 나가는 동안 내담자는 어떤 생각이나 감정, 그리고 경험들을 분명하게 이야기하지 않는다.[200] 저항은 내담자의 무의식적 자료를 담고 있다.[201] 불안에 대한 자아 방어로서의 저항은 정신분석에서 내담자가 협력하여 내담자의 무의식적인 역동성에 대한 통찰의 달성을 방해하려고 특별히 작용한다. 이러한 저항이 위협적인 재료의 통찰을 방해하므로 치유상담자는 그것을 지적해 내야하고 내담자는 갈등들을 현실적으로 대처하려고 한다면 저항과 맞서야만 되는 것이다.[202] 저항의 해석은 치유상담자의 필수 기법인 동시에 기본 기법이다.[203] 치유상담자는 저항 해석을 내담자에게 그가 왜 저항하는지 그 이유를 설명해 줌으로써 내담자 자신이 그것들에 대하여 대처할 수 있게 하는 것이어야 한다.[204] 물론 저항이 해결되어야만 하는 것은 아니다. 그러나 그것들은 내담자의 일생에서 행하는 일상적인 자아 방어 수단에 속하기 때문에 그것들이 불안에서 자아를 방어하려는 수단이요 더욱 만족스러운 삶과 경험, 그리고 내담자의 가능성을 침해하는 요소임을 반드시 일깨워 주어야 한다.[205] 치유상담자가 내담자의 저항을 제대로 해석할 수 있으면 치유 상담을 성공적으로 이끌어 갈 수 있을 것이다.[206]

다섯째, 전이 관계의 분석과 해석이다. 전이(transference)는 상담 과정에서 내담자의 과거에 그에게 중요한 의미를 주었던 사람들과의 사이에서 해소되지 아니한 감정이 내담자의 현재 순간을 왜곡시켜 자기의 아버지나 어머니에게 향했던 감정을 치유상담자에게 전이시키면서 나타난다. 그래서 현재 치유상담자와의 관계에서 내담자는 그의 부모님에게서 과거에 느꼈던 거절과 적대의 감정을 체험하는 것이다.[207] 대부분의 정신분석 치유상담자는 내담자가 결국 전이 정신증세를 개발시켜야 한다고 주장한다. 그것은 내담자의 정신 증세가 그의 유아기 5년 동안의 성장 과정에서 유래

했기 때문이며, 내담자는 성인이 된 지금에 와서 적합하지 않으나 삶의 틀로서 그때의 성장 체험을 사용하고 있기 때문이다.[208] 이럴 때, 치유상담자는 내담자의 전이를 객관적으로 바로 볼 수 있을 것이다.

알프레드 애들러의 개인 심리학적 치유 상담

개인 심리학(個人心理學, Individual Psychology)은 정신의학자이자 심리학자인 알프레드 애들러(Alfred W. Adler, 1870~1937)와 그의 후계자들에 의하여 발달 된 성격 이론과 정신병리학, 그리고 치료심리학인 동시에 상담과 심리 치유의 방법이다. 애들러는 프로이드의 영향을 많이 받았지만 프로이드의 성의 개념에 항의하여 사회적 관심과 우월성 추구의 개념을 강조하였다. 애들러는 행동의 궁극적인 원인은 인간들이 추구하는 최종 목표라고 생각하였다.[209] 프로이드는 성격의 중심 경향을 성으로 바라보았지만 애들러는 우월성의 추구로 보았다. 우월성의 추구는 사회적 맥락에서 한 개인이 느낀 그 자신의 재능이나 능력 중에서 열등감을 느낀 부분에 대해서 더 높은 단계로 끌어올리려는 노력으로 정의할 수 있다. 즉 인간은 열등감을 의식하는 순간 이를 보상하기 위해 노력하고 더 나아가서 사회적 관계 속에서 우월성을 추구하며 건설적 혹은 파괴적 방향으로 나간다는 것이다.[210]

애들러는 상담의 목적에 대하여 다음과 같이 설명한다. 첫째는 잘못된 신념의 재구성, 둘째는 잘못된 목표의 개선, 셋째는 새로운 생활 목표의 확립이라고 규정하였다. 애들러의 주요 개념들이 가지는 장점은 개인이 사회적 요인에 의해서 동기화되며 자신의 사고와 느낌, 그리고 행동에 책임을 져야 한다고 주장하는 점과 개인이 삶의 창조자이며 무기력한 희생자가 아니라고 보며, 미래를 전망하는 목표와 목적을 가진 존재라고 보는 점이다.[211] 또한 내담자는 정신적으로 병든 것이 아니기 때문에 삶에 대한 잘못된 신념을 확인하여 변화시키는 것이라고 본다는 것이다. 애들러의 상담 기법은 해석과 인식적인 변화를 위한 직접적인 직언하기, 임무 설정, 행동 변화를 위한 계획의 약속이다.[212] 애들러는 인간을 목표 지향적으로 보는 데 있어서, 이것은 기독교적인 입장과 맞는다고 할 수 있다. 기독교에서 인간의 삶의 목표는 하나님을 영화롭게 할 뿐만 아니라 그를 기쁘시게 하는 것이다. 또한 애들러에게 용기의 미덕은 기독교에서 용기를 하나님의 말씀에 대한 결단으로 볼 때 기독교의 교리와 유사한 점도 있다고 보는 것이다.[213]

에릭 번의 의사 교류 분석적 치유 상담

의사 교류 분석(Transactional Analysis: TA)은 미국의 정신의학자 에릭 번(Eric Berne, 1910~1970)에 의해 발전된 인간관계(relationships)의 교류를 분석하는 일종의 성격 이론인 동시에 심리 치유의 방법이다. 현대에 들어와 TA는 집단 치유와 개인 상담, 그리고 심리 치유의 방법으로 활용되고 있다.[214] 번은 정신 분석적 방법인 자유 연상법이나 꿈의 해석 같은 방법으로 내담자를 치유하는 데 만족하지 않고 새로운 이론 개발에 몰두하였다. 번의 경우, 인간은 자율적이고 자유롭게 선택할 수 있고 책임질 수 있는 존재로 보았다.[215] TA에서는 인생의 초기 5년간을 성격 발달에 있어서 매우 중요한 시기로 보고 있다. 이 시기에 성격의 세 가지 구조인 어버이 자아(P), 어른 자아(A), 어린이 자아(C)가 형성되고, 인생 초기의 경험들을 바탕으로 하여 자신과 타인에 대한 관점과 자신의 행동양식을 결정하는 생활 자세가 형성된다고 본다.[216] TA의 치유 상담의 목적은 내담자로 하여 그의 생애 초기에 형성된 삶에 대한 결정들의 속박에서 자유롭게 되고, P-C-A를 상황에 따라 효과적으로 사용할 수 있도록 도와서 궁극적으로는 자율성을 얻을 수 있게 하는 데 있다.[217]

이러한 치유 상담의 과정은 몇 단계로 나눌 수 있다. 첫째, 치유 상담자와 내담자의 상담 계약이다. 둘째, 구조분석의 단계이다. 셋째, 의사 교류 분석의 단계이다. 넷째, 게임 분석의 단계이다. 다섯째, 생활 각본 분석의 단계이다. 이러한 과정을 위해서 치유상담자는 상담 분위기를 조성해야 한다.[218] 그래서 TA는 대인 커뮤니케이션의 수준을 발전시켰고, 개념들이 용이하기 때문에 스스로 학습이 가능할 뿐만 아니라 자율성이나 친밀한 관계 등은 이상적 생활에 대한 하나의 이미지를 제공하는 면에서 공헌하였다.[219]

프레드릭 펄스의 형태주의적 접근 치유 상담

형태주의적 접근(Gestalt Approach)²²⁰은 프레드릭 펄스(Frederick S. Perls, 1893~1970)에 의해 창시되어 발달되었다. 현재의 순간에서 존재하는 인간은 과거와 미래 사이의 변화를 포함한다. 그래서 내담자는 과거에 가졌던 관심사나 현재의 관심사, 그리고 이들 관심사에 대한 직접적인 경험에 대해서 질문을 받는다. 이런 방식으로 형태 치유에서는 어떤 상황에 대한 추상적 이야기보다는 직접적인 경험을 생생하게 드러낸다.[221] 그래서 펄스의 형태주의적 치유 상담이론이 가지고 있는 주요 개념들을 보면, 인간은 전체적이고 현재 중심적이며, 선택의 자유에 의하여 잠재력을 각성할 수 있는 존재로 본다. 펄스는 과거가 지나간 것이며 미래는 아직 오지 않았기 때문에 현재만이 의미가 있다.[222] 형태주의의 또 한 가지의 주요 개념은 미결 과제로 분노, 격분, 증오, 고통, 불안, 슬픔, 죄의식, 포기 등과 같은 표현되지 못한 감정들을 포함하는 개념이다. 그런 감정들은 비록 표현되지는 못했으나 분명히 기억이나 환상과 결부되어 있다.[223] 그래서 형태주의적 접근 치유 상담을 통해 현재 개인의 효과적인 기능을 방해하는 과거의 미결 과제의 역할과 행동이 무엇인가 하는 것과 그것이 어떻게 작용하고 있는가를 밝히는 것이다.

그러나 형태주의 상담이론은 많은 비판의 대상이 되고 있다. 그것은 첫째, 이 이론은 견고한 이론을 바탕으로 하기보다는 자신의 탐색과 견해에서 출발하였기 때문에 보편타당성이 결여된다. 둘째, 자기중심적 생활방식을 배태(胚胎)시키기 쉽다. 마지막으로 셋째, 기술적인 면에 치우치기 쉽기에 핵심에서 벗어날 수 있다는 것이다.[224]

인격 치유 상담

인간은 하나님의 형상으로 창조되었는데 타락으로 인해 하나님의 영광을 감당하지 못하고 왜곡된 형상이 되었다. 그래서 이 세상에 있는 모든 죄인은 다 왜곡되어 뒤틀린 하나님의 형상으로 있는 것이다.[225] 인간은 모두 각각의 독특한 생활양식을 따라 장애를 안고 살아가기 때문에 인격의 문제나 인격의 장애를 가지고 있는 사람들에게 고통이 있다. 이러한 문제와 장애를 돕기 위한 하나의 접근 방법이 인격 치유 상담이다. 인격 치유 상담은 인격의 문제나 장애를 가지고 있는 사람들을 그리스도를 닮아가는 사람으로 회복시키는 것이다.[226]

인격 장애자의 공통된 특징은 배우려 하지 않는다. 이것은 교만에서 비롯된 것이기 때문에 수용적이며, 부드러운 마음으로 말씀을 배우고 하나님의 사랑으로 격려를 받아야 한다. 또한 자존감을 회복시키면서 기도로 하나님께 나아가도록 도와주어야 한다. 특히 다른 사람들과 가족과의 관계에서 성실함과 사랑의 책임을 다하도록 이끌어 주어야 한다.[227] 이러한 인격 치유 상담의 궁극적인 목적은 자신 안에 하나님의 형상이 회복되어 풍성한 삶을 살아가도록 하며, 믿지 않는 사람들에게 평안과 행복한 삶이 무엇인지를 보여주어 영혼 구원과 회복으로 초대하는 데 있다.[228] 이것은 요한복음 10:10과 같이 이 땅에 오셔서 죽으시고 부활하신 예수님께 영광을 돌리는 것이다.

> "도둑이 오는 것은 도둑질하고 죽이고 멸망시키려는 것뿐이요 내가 온 것은 양으로 생명을 얻게 하고 더 풍성히 얻게 하려는 것이라"(요 10:10)

인격 치유 상담의 기본적인 철학은 성경에 그 가치를 두고 있다. 즉 성경에서 사람의 문제를 다루는 방법이 곧 인격 치유 상담의 방법이다. 아울러 인격의 치유는 신뢰할 수 있는 사람과 오랫동안 진실한 사랑의 관계를 할 때 자연히 일어나는 것이다. 훌륭한 치유상담자의 인격적인 특성은 인내심과 다른 사람에 대한 진심 어린 관심, 그리고 경청과 이해하려는 자세이다. 치유상담자는 내담자가 실수를 저지르며 잘못된 길로 가는 것처럼 보여도 신뢰와 사랑, 희망으로 용납하고 위로해야 한다.[229]

기독교 상담심리학자 폴 투르니에(Paul Tournier, 1898~1986)[230]는 인격을 다루는 치유상담자에 대하여 말하기를, "창조주 하나님께 순종하는 사람으로 겸손해야 하며, 기도하는 사람인 동시에 성경에 대한 충분한 지식을 가진 사람이어야 한다. 그리고 하나님 앞에서나 다른 사람, 그리고 경우에 따라 내담자에게 자신의 결점과 약점까지 정직하게 고백할 수 있는 믿음의 사람이어야 한다"라고 하였다.[231] 투르니에는 인격의 회복을 위해 가장 필수적이고 기본적인 것을 하나님과의 개인적이고 인격적인 만남으로 보았다. 이러한 만남은 예수 그리스도께 삶을 의뢰하고 그분의 인도하심을 믿을 때, 다른 사람과 세상에 대한 태도는 변화되기 시작하고 새로운 일들이 일어나기 시작하는 것이다.[232]

  그래서 인격 치유 상담을 위한 인간관과 목표, 치유 관계, 치유자, 치유 방법, 그리고 공동체와의 관계에 대하여 정리하면 다음과 같다.[233] 첫째, 인격 치유 상담의 인간관은 성경에 근거하여 인간을 이해해야 한다.[234] 둘째, 인격 치유 상담의 목표는 개인으로 하여 하나님으로부터 부여받은 잠재력을 최대한 실현하도록 해야 한다. 셋째, 인격 치유 상담의 치유 관계에 대한 것은 내담자가 사랑과 신뢰 속에서 자기 자신의 생각과 감정을 있는 그대로 노출할 수 있는 관계가 이루어질 때 인격 치유가 가능하다.[235] 넷째, 인격 치유 상담의 상담자에 관한 것은 치유상담자가 예수 그리스도로 인해 거듭난 기독교인이어야 한다.[236] 다섯째, 인격 치유 상담의 치유적 방법에 관한 것은 기독교 상담과 인지 치유를 통합하였다. 마지막으로 여섯째, 인격 치유 상담에 있어서 교회 공동체와의 관계

는 자원이다.[237]

이와 관련하여 전 국제신학대학원대학교 기독교 상담학 교수 심수명은 인격 장애의 요소를 다루는 데 있어서 인격 치유 상담 프로그램의 모델을 제시하였는데 다음과 같이 설명하였다. 첫째, 기독교 상담과 인지 치유 상담. 둘째, 부정적 자아상 치유 상담. 셋째, 열등감 치유 상담. 넷째, 분노 치유 상담. 다섯째, 불안 치유 상담. 여섯째, 죄책감 치유 상담. 일곱째, 거절감 치유 상담. 여덟째, 우울증 치유 상담. 아홉째, 완벽주의 치유 상담. 마지막으로 열째, 중독 치유 상담으로 구성하였다.[238]

집단 치유 상담

집단 치유 상담은 참여자들이 공통의 관심사와 문제를 함께 의논하면서 서로의 정보를 공유하고, 문제해결 방안을 함께 모색하는 치유 방법이다.[239] 집단 치유 상담은 교회와 많은 조직이 유지하는 데 있어서 성장과 발달을 촉진 시킨다. 집단이 요구되는 한 가지 중요한 이유는 많은 의사소통의 문제가 존재하기 때문이다. 불충분한 의사소통은 일반적으로 좋은 관계 형성을 방해한다. 이것은 집단 치유 상담에 있어서 의사소통이 강조되는 이유가 된다.[240] 문화는 의사소통의 언어능력 구성 표현을 광범위하게 지니고 있지만 대부분 개개의 것들은 말보다는 몸짓 언어로 구성되어 있기에 실재적으로 친밀하고 밀접한 의사소통을 방해한다. 그리고 지식의 신속한 확장은 진정한 일대일 또는 집단의 의사소통을 방해한다는 것이다. 집단은 본질적으로 구성원 간에 서로 정확하게 의사소통을 실천할 수 있는 환경을 제공해 준다.[241]

신약성경은 집단 상호작용의 중요성을 드러내고 있는데, 예수님께서 가까운 관계를 유지했던 사람들을 대상으로 12명의 제자를 선택하셨다. 또한 격려와 성장을 위하여 초대교회 당시에는 집에서 만났다.[242] 따라서 집단 치유 상담은 가장 효과적이고 총체적인 성장을 위해 중요하다.[243] 사도행전 2:1과 2:4에 의하면, 오순절에 사람들이 함께 모였다는 것은 성령 충만함과 방언이라는 결과를 낳았다.

"오순절 날이 이미 이르매 그들이 다같이 한 곳에 모였더니"(행 2:1)

"그들이 다 성령의 충만함을 받고 성령이 말하게 하심을 따라 다른 언어들로 말하기를 시작하니라"(행 2:4)

미국 심리학자 칼 로저스(Carl R. Rogers, 1902~1987)[244]는 집단에 대하여 말하기를, "서로 우는 관계 형성에 있어서 집단성이 중요하다"라고 하였다.[245] 전통적인 프로이드 학파와 로저스 학파의 견해에

도전하기 시작한 호발트 모러(O. Hobart Mowrer)는 집단의 중요성에 대하여 말하기를, "성장하는 인물들과 가지는 친밀한 대화와 용기를 주고 후원을 치유적 집단을 형성함을 필요로 한다"라고 하였다.[246] 그래서 전문적인 치유집단들은 술주정, 노름, 약물중독, 신경성 그리고 비만 문제를 해결함에 있어 집단 치유 상담의 방법이 채용된다.[247]

제임스 한센(James C. Hansen)은 집단 치유 상담에 대하여 말하기를, "의식적 사고와 행동에 초점을 두며 허용의 치유적 기능, 실재 카타르시스, 그리고 상호의존에의 지향, 돌봄, 이해, 그리고 후원을 포함하는 역동적인 상호 인간관계의 과정이다. 치유의 기능들은 작은 집단들 가운데서 동료들과 치유상담자와 인격적 관심의 공유에도 이루어지고 길러진다. 단체 치유상담자들은 기본적으로 여러 가지 관심들, 즉 확대적인 인격 변화, 넓게 적용하여 약화시키지 않는 것들을 가진 평범한 개인들이다. 단체 치유 상담은 이해와 가치, 그리고 목적의 수용을 증진 시킴과 어떤 태도와 행동을 배우거나 버리기 위해 단체 어울림을 활용할 것이다"라고 하였다.[248]

따라서 성도들의 인격과 삶을 변화시키는 데 있어서 집단 치유 상담은 좋은 대안으로 다음과 같은 장점이 있다. 첫째, 집단 치유 상담은 집단 내담자들이 덜 긴장하고 자기표현이 좀 더 자연스럽다. 둘째, 집단에서는 어느 한 집단 내담자의 정서적 체험을 전달

받아 쉽게 자신의 문제와 만난다. 셋째, 어느 한의 문제해결의 과정을 지켜보며 본인들도 의미 있는 체험을 한다. 넷째, 역동적인 집단 상담 속에서 자신의 진정한 모습을 발견하면서 회복을 경험한다.[249] 이처럼 집단 치유 상담은 심리적인 문제와 개인과 개인 관계에서 발생 된 문제들을 다루는 데 있어서 매우 효과적인 상담 방법이다.[250]

가족 치유 상담

가족 치유 상담은 문제를 가진 한 개인과 만나 상담을 통해 문제의 해결을 모색하는 전통적인 상담과는 다른 새로운 치유 방법이다. 즉 개인 상담을 강조하는 전통적인 상담에 비해 가족 치유 상담은 문제를 지닌 한 개인보다는 문제의 효과적인 해결을 위해 가족이라는 하나의 조그만 사회집단 전체와의 공동 작업을 강조한다.[251] 목회자와 선교사를 포함한 많은 기독교 치유상담자들은 치유 상담이 필요한 사람을 돕는데 있어 가족 치유 상담 방법론에 점점 더 많은 관심을 쏟고 있다. 가족 상담이 본래 기독교적인 상담론은 아니었으나 그 기본전제와 목적은 사회적 존재로서의 인간에 대한 기독교적 이해와 가정에 부여된 기독교적 가치에 잘 부합되고 있다.[252] 특히 교회와 가족 치유상담자들은 현대사회의 심각한 도전에 직면해 있는 가정이라는 장을 보존하고 강화하기 위해서 노력해야 한다.[253] 그래서 가족 치유 상담의 기본 전제들은 두 가지 필수적인 조건들이 있다. 첫째, 가족 치유상담자는 참된 신앙을 가진 독실한 기독교인이어야 한다.[254] 둘째, 치유 상담의 전 과정이 기독교적으로 실시되어야 한다.[255]

가족 치유상담자는 가족들을 위해 광범위한 수많은 치유 목표를 가질 수 있다. 기독교인들에게 있어서 이러한 일반적인 목표들은 양육, 도움, 돌봄, 지원, 위로, 그리고 육체적인 애정 등을 포함하는 성경적 사랑의 개념에서도 도출된다. 기독교 가정과 기독교 치유 상담자는 모든 가족이 서로 사랑해야 하며 용서하고 서로 도우며 확실한 방법으로 서로 지원하며 서로 보호하고 서로 안위하는 데에서 이 사람이 분명하게 표현된다는 것을 믿어야 한다.[256] 가족들은 필요한 사랑을 이미 받고 있는 것처럼 생각하거나 그 사람을 감춰 두지 말고 모두 정기적으로 서로를 향한 애정과 존중을 표현해야 한다. 그래서 가정 치유 상담에서 성경적인 사랑에 대한 포괄적인 개념은 수많은 일반적인 목표들로 표현될 수 있을 것이다.[257]

기독교 치유상담자가 가져야 할 가정 치유 상담에 대한 목표를 다섯 가지로 나누어 보면 다음과 같다.[258] 첫째, 가족들이 빈약한 의사소통이 필요한 경우에 효과적인 의사소통을 하도록 도와주어야 한다. 둘째, 가족 식구들 간의 장애적인 제휴 모형을 사랑과 서로 복종하는 관계로 바꾸는 것을 목표로 설정해야 한다. 셋째, 한

가정 안에서 혼동을 발견하면 가족 식구들을 가족 단위로부터 구별하도록 도와야 한다.[259] 넷째, 가족들의 지나친 개인주의 교정을 위해 진정한 상호관계를 개발해야 한다. 마지막으로 다섯째, 성령의 인도를 받아 용서와 화해를 통해 갈등을 해결해야 한다.

독서 치유 상담

독서 치유 상담은 의학과 정신의학에서 도서를 통한 병 치유의 자료로 활용하는 치유 방법을 의미한다.[260] 독서가 인간의 행동에 영향을 줄 수 있는 전제는 인격과 행동 등에 있어 정신적인 문제를 가지고 있는 사람의 치유에 독서 효과를 활용할 수 있는 것이다.[261] 독서치료학회에서는 치료(Therapy)와 치유(Healing)를 혼용해서 같은 용어로 사용하고 있다. 독서 치유는 책 읽기, 쓰기, 듣기, 말하기 등의 체험적 상호소통 과정을 통해 카타르시스(catharsis)와 동일화(identification), 통찰(insight) 등 독서의 힘을 활용하는 독서프로그램이다.[262] 독서 치유에서 보다 본질적 요소는 책 속에 담겨 있는 치유적인 정보와 독서 과정이다.[263] 여기서 독서 과정은 독서지도를 위한 지식이며, 맥락에 대한 이해는 독서 치유를 위해 많은 통찰력을 준다. 글을 읽는다는 것은 진공상태에서 행해지는 것이 결코 아니다. 즉 독해(해석)의 맥락이 있는데 독자 맥락(누가 읽는가?), 텍스트 맥락(무엇을 읽는가?), 배경 맥락(어떤 물리적, 심리적, 사회적 상황 속에서 읽는가?), 과제 맥락(어떤 목적으로 읽는가?), 그리고 상황 조직자 맥락(누가 지도하는가?) 등이 함께 어우러져 있다.[264]

책은 깊은 산 속의 산삼이나 약초같이 사람을 건강하게 한다. 또한 길 모르는 이들에게는 길도 알려 주듯 독서를 통해 치유의 힘을 맛보게 된다. 초등학교에는 소양을 위한 독서와 중고생들에게는 입시 위주의 정보획득을 위한 학습독서가 있다면, 대학교에는 책을 통하여 자신을 발견하고 치유의 효과를 얻을 수 있다. 이런 치유의 책 읽기를 통하여 많은 사람이 자아 정체감을 확립하고 더 큰 자존감을 얻어 흔들리지 않고 만족스러운 행복한 생활을 할 수 있다.[265]

이러한 관점에서 성경은 구원의 책이기도 하지만 치유 상담의 책이다.[266] 즉 성경은 각 개인의 개인 치유나 사회에서의 집단 치유 원리와 실제가 담아져 있다. 그것은 예수 그리스도가 스스로 치유 상담자가 되셔서 놀라운 치유 사역을 감당하셨던 것을 보면 알 수가 있는 것이다.[267] 그러므로 성경이 독서 치유 자료로 사용될 수 있는 조건을 신학적인 근거를 바탕으로 다음과 같이 살펴보고자 한다. 첫째, 성경은 긴 세월 동안의 저술과 각기 다른 저자에 의해 써져 성경의 부분 내용이 서로 모순됨이 없이 완전한 조화를 이루고 있다.[268] 둘째, 성경은 독서치료에서 중요하게 생각하는 일련의 치료과정인 동일시와 카타르시스, 그리고 통찰을 가능하게 하는 문학적 측면을 담고 있다. 성경은 곧 인물사이다.[269] 마지막으로 넷째, 성경은 올바로 읽히는 곳에 하나님과 사람의 관계 변화, 사람과 사람의 관계 변화, 가치관의 변화, 삶의 태도 변화와 같은 전인적 치료로 변화가 수반되는 영적 원리가 들어있다.[270] 이렇게 하나님께서는 독서 치유를 위해 책을 사용하신다. 따라서 은혜의 도구인 성경은 독서 치유 영역에서 사용하여 내담자들의 문제 중 영적인 문제에 있어서 성경의 적용은 틀림없이 필요한 것이다.[271]

환경 치유 상담

환경 치유 상담은 내담자의 자아가 갈등을 일으키는 환경에 대해 병적 적응 행동으로 나타나는 것을 증상으로 보고 그 환자가 소속되어 있는 치유집단의 정신 사회적 현상을 과학적으로 분석하여 치유적인 방향으로 인위적 재구성을 시도하여 내담자를 치유하는 방법이다. 지금까지의 권위적이고 폐쇄적인 치유 모형을 민주적, 허용적 및 공동체적으로 바꾸고, 현실을 직시하여 강조한다. 환자와 치유팀이 치유적 공동사회를 이루어 함께 치유에 참여한다. 물론 이러한 치유적 공동사회는 매우 이상적인 개념이어서 주어진 여건에 따라 변형이 존재할 수밖에 없다. 치유적 공동사회의 핵심은 정신과 치유 환경에서의 민주주의의 구현이기 때문에 더욱 그러

하다.[272]

　이러한 방법이 일부 병원에서 적극적으로 적용되고 있다. 치유 팀의 구성은 정신과 전문의, 전공의, 간호사, 임상심리사, 사회사업 가, 작업 치유사, 간호조무사 등 병실 내 근무자 모두를 포함하게 된다. 병실 활동은 병실 내에서의 모든 인간관계(relationships)를 증진 및 개선 시키는 데 목표를 두고 공동사회 모임에서의 대화를 통하 여 실현해 간다. 여기에서 환자들을 몇 개의 소그룹으로 구분하여 집중적 집단정신 치유를 시행할 수 있고 때로는 회복기의 환자 가 족을 동반 참여시킬 수도 있다. 치유팀의 구성원들은 평소 감성훈 련과 사후 모임을 통해 역량향상을 도모한다.[273]

미술 치유 상담

　미술 치유 상담은 그림 조소와 디자인, 그리고 서예, 공예 등의 미술 매체라는 수단을 이용하여 교육, 재활, 정신 치유 등 다양한 분야에서 인격의 통합 혹은 재통합을 위한 심리적인 적응과 치유 를 돕는 방법이다.[274] 미술 치유의 본질은 비언어적인 수단으로 자 신을 표현, 또는 창작 활동을 통하여 치유해 가는 과정(process)에 서 치유의 매개체로 미술을 사용하는 치유 방법론이다. 즉, 시각 예술의 다양한 기법을 이용하여 내담자의 능력과 기호, 장애에 알

맞은 시각 예술적인 경험과 더불어 이들의 작품을 통하여 심리 진단을 하고, 개인적인 갈등 및 적응 문제를 해결해 나가는 것을 도와주며, 자신의 이해, 자기 지도, 자기 성장을 촉진 시킨다. 또한 인지 정서에 초점을 맞춘 발달적 미술 치유도 제공할 수 있다.[275]

미술 치유의 원형은 로마의 박해를 받았던 초대교회 시대로 거슬러 올라간다. 당시 그리스도의 신앙고백과 관련되어 신분 표시로 사용한 물고기 모양인 익두스(ἰχθύς)는 모든 그리스도인이 그릴 수 있었던 그림이었다. 또한 땅속의 무덤이 지하 예배 처소가 된 카타콤(catacombs)의 벽화에는 박해받던 삶의 모습이 표현되어 있다.[276] 로마의 교회에 남아 있는 카타콤의 천정과 벽에는 예수 그리스도와 제자들, 초대 그리스도인들의 순교 모습이 그려져 있다. 이를 통해 그들은 말로는 다할 수 없었던 고통이나 소망을 그림으로 표현함으로써 마음의 상처를 풀어냈을 것으로 유추된다.[277]

이러한 기독교에서 사용하고 있는 아이콘(Icon)들에 대하여 러시아 화가 마르크 샤갈(Marc Chagall, 1887~1985)은 무의식의 세계 속에 있는 내면의 세계 속에서 환자들을 치유하고 또 그들에게 평화와 안정을 추구하게 하는 강력한 힘이 있다고 보았다. 샤갈의 경우, 자신의 그림에서 기독교적 상징물들을 사용하였으며, 성경에 나오는 인물들과 촛대, 성경, 두루마리, 떡 상, 제단 상, 심지어는 제물로 죽어간 양이라든지, 염소와 송아지, 말 등 많은 희생제물이 사람과 더불어 어울리면서 거기서 예수의 십자가가 상징하는 부활의 승리, 상처의 치유, 죽음으로부터의 자유 등 많은 심리적 압박으로부터의 탈출을 시도해 보았다.[278] 또한 20세기 가장 독창적인 초현실주의 화가로 미술의 융이나 프로이드라고 불리는 살바도르 달리(Salvador Dali, 1904~1989)는 긴 의자라는 그림에서 자신의 꿈과 기억을 모두 투사하였다. 그는 그림 속에 기독교적인 테마를 가미시켰는데 환자가 그 그림을 보는 순간 회복되는 기적을 체험하게 되었다고 한다.[279] 이렇게 미술 치유는 궁극적으로 심신의 어려움을 겪고 있는 사람들을 대상으로 하여 그들의 미술작업, 즉 그림이나 조소, 디자인 기법 등과 같은 미술 활동을 통해서 그들의 심리를 진단하고 치유하는 데 목적이 있다.[280] 따라서 기독교 치유상담자는 미술 치유의 매체를 통하여 내담자들을 깊은 수준을 이해하고 치유하면서 하나님께로 인도할 수 있을 것이다.

음악 치유 상담

음악 치유 상담은 치유 목적인 정신과 육체의 건강회복을 복원 및 유지 시키며 향상하기 위해 음악을 사용하는 치유 방법이다.[281] 음악은 일상생활과 밀접한 관계에 있다. 매일 라디오에서 흘러나오는 음악, 친구들과 어울려 부르는 노래, 모임을 위해 만들어진 노래나 야영장에서 캠프파이어를 하며 부르는 흥겨운 노래 등은 우리의 일상생활을 윤택하게 해 주며 때와 장소에 따라 인간 생활에 도움을 준다. 그래서 음악이 없는 영화나 TV 프로그램을 생각할 수 없다.[282] 음악 생활이 주관적이라면 음악 치유는 객관적이라고 할 수 있다. 즉 음악 치유는 인간의 행동에 바탕을 두고 있다고 할 수 있다. 음악은 상당히 바탕적이며, 치유적인 교과이고 또 인지적인 능력보다는 비교적 정서적인 능력에 의존한다.[283]

미국음악치료협회(American Music Therapy Association)는 음악 치유에 대하여 말하기를, "치유적인 목적 즉 정신과 육체의 건강을 복원 유지 시키며 향상하기 위해 음악을 사용하는 것이다. 이것은 치유적인 환경 속에서 치유 내담자의 행동을 바람직한 방향으로 변화시키기 위한 목적으로 음악 치유상담자가 음악을 단계적으로 사용하는 것이다. 이러한 변화는 치유를 받는 내담자로 하여 자신의 주변 세계를 깊이 있게 이해하게 하여 사회에보다 잘 적응할 수 있도록 도와준다. 치유를 맡은 팀의 한 멤버로서 전문 음악 치유상담자는 자신의 치유계획을 세우거나 특정한 음악적 활동을 시행하기 전에 치유팀이 환자의 문제를 분석하여 일반적인 치유의 목적을 설정하는 데 먼저 참여하게 된다. 또한 시행되는 치유 과정이 효율적인지를 알기 위해 정기적인 평가를 하게 된다"라고 하였다.[284] 따라서 음악 치유 상담은 내담자의 정신건강과 육체 건강, 영적 건강을 위해 특별히 도움을 주고 사회생활의 능력을 길러 줄 뿐만 아니라 용기를 갖게 하고, 영적인 성장을 발전시키도록 도와주는 것이다.

다문화 치유 상담

다문화 치유 상담은 상담의 효과 증진을 위해 치유상담자와 내담자의 문화적 배경, 가치관, 생활양식의 차이를 인식하고 치유 상담의 이론과 적용기법에 있어 문화적 유연성을 적용하는 방법론이다.[285] 사실 문화는 일정한 지역에서 모여 사는 주민들만이 가지는 고유한 특성이며 유산이다. 그래서 치유상담자들이 문화의 차이에 주의를 기울이지 않으면 문화적으로 자기 세계에 갇힌 치유상담자가 되어 문화적으로 자기 세계관에 갇히게 된다. 이런 경우 치유상담자는 문화적으로 다른 사람들의 복지와 발전을 향상할 수 없게된다. 또한 편견과 인종차별 의식을 보이게 된다.[286] 따라서 유능한 치유상담자가 되기 위해서는 내담자의 가치관과 신념, 그리고 태도, 문화적 관점을 이해하고 또한 자신과 차이가 있음을 수용하는 것이 중요하다.[287]

현재 전 세계 국가들은 다문화 사회(Multicultural Society)의 상황이다. 한국 또한 예외가 아니며, 이민자들이 우리 사회로 통합할 수 있는 사회적 시스템의 마련과 정비가 요구되고 있다. 이주민들에 대한 체류 방식과 추방의 문제만을 놓고 논쟁할 것이 아니라 이들이 현지에서 위기를 잘 극복하며, 잘 적응할 수 있도록 사회의 여러 채널을 통해 도움을 제공하는 방법들을 모색해야 할 것이다.[288] 이러한 문제를 해결하기 위해서 다문화 치유 상담은 매우 효과적인 방법론이 될 것이다. 일반적으로 이주민들은 법적 지위 문제와 경제적 문제, 인권침해 문제, 인종과 문화적 차별 문제, 내국인들의 부당한 차별과 대우 문제 등 비교적 심각한 사항의 문제들과 연관되어 있다. 따라서 일반상담과 기독교 상담, 다문화 치유 상담에서 극복해야 할 장벽에 대하여 살펴보면 다음과 같다. 첫째, 언어의 장벽이다. 둘째, 내담자에 대한 치유상담자의 편견과 오해이다. 마지막으로 셋째, 타문화를 이해하지 못해서 발생하는 문화적 장벽과 불안이다.[289] 이런 경우, 다문화 치유상담자는 먼저 내담자의 문화와 종교를 이해한 다음 기독교 세계관과 상담의 목표를 설정해야 한다.

따라서 다문화 치유 상담에서 치유상담자가 주의해 할 다섯 가지 문제를 살펴보면 다음과 같다. 첫째, 치유상담자는 내담자의 세계관과 가치관을 함께 나누고 이해해야 한다. 둘째, 치유상담자는 자신의 문화적인 관점에서 민감해야 하는 동시에 다른 문화의 특성을 잘 알고 있어야 한다. 셋째, 치유상담자는 인종과 신념, 그리고 기대감, 사회적 배경과 태도에 있어서 당연히 존재하는 문화적 차이를 진심으로 수용해야 한다. 넷째, 치유상담자는 문화적으로 타당한 대화법 기술을 이해하고 사용하려고 노력해야 한다. 마지막으로 다섯째, 치유상담자는 융통성과 상담기술을 사용하는 데 있어서 문화적인 차이에 민감하게 대응해야 한다.[290]

...

　결론적으로, 치유 상담의 다양한 접근방법론에 대하여 살펴보았다. 이러한 다양한 치유 상담의 접근 방법들은 문제의 치유보다는 문제의 분석에 더 효과적이다. 더 나아가 치유상담자가 이러한 치유 상담의 다양한 접근 방법들을 통하여 사실은 무엇을 위해 기도할 것인지에 대한 문제에 대한 해답을 얻어 내는 데 커다란 도움을 얻을 수 있다. 물론 하나님은 인간의 지식을 초월하며, 치유상담자들이 분별의 은사를 통하여 무엇을 위해 기도해야 할지를 알도록 도와주실 것이다.[291] 그래서 현대 기독교 선교에 있어서 시대적인 요청과 교회 선교사역의 전문화 추세에 따르면, 치유 상담이 전문화되어야 할 필요성이 있다. 물론 폭넓은 개념에서 전문화라는 말이 부적절할 수도 있겠지만 목회자와 선교사는 이미 치유 상담의 전문가이고, 목회와 선교는 전문적인 사역의 영역이기 때문에 전문화를 얘기할 필요성이 있는 것이다. 현재 치유 상담은 이미 목회자와 선교사들이 담당하고 있는 영역이었고, 이를 위해 신학대학에서는 치유 상담과 관계된 필요한 교육과 훈련을 받아야 한다.[292]

　그러므로 목회자와 선교사는 모두 치유상담자이고 치유상담자로서 치유 상담을 실천해야 하며, 최소한 치유 상담에 대한 지식과 기술을 갖추어야 한다. 특히 많은 관심을 끌고 있는 치유 상담 설교의 경우, 목회자와 선교사가 치유상담자의 역할을 설교로서 선교 실천하는 것이라고 볼 수 있다. 치유상담학적 통찰이 통합된 설교를 준비할 수도 있지만 그렇지 않은 설교도 역시 그 안에 치유의 요소가 포함된다.[293] 이러한 치유 상담의 선교 형태는 청중의 문제를 다양한 치유 상담 기법을 통해 선교 신학적으로 진단하고 말씀을 선포함으로써 치유하는 상담의 차원을 가져야 할 것이다.

5장 치유 상담을 위한 영적 전쟁

하나님은 구원받은 하나님의 자녀들이 영적 전쟁에서 승리하기를 소원하신다. 하나님의 자녀들을 돌보고 섬기는 일은 치유 상담 선교 방법의 중요한 일부분이다. 이러한 영적 전쟁에 관한 치유 상담은 목회자들과 선교사들, 즉 치유상담자들에게 부여된 중요한 사역이다. 그래서 치유공동체의 책임을 맡은 치유상담자는 기본적으로 일반적인 상담과 함께 치유 상담에 대해서도 이해하고 있어야 한다. 영적 전쟁에서의 치유 상담은 가능하면 이 분야의 전문가, 즉 의학과 상담심리학, 신학을 체계적으로 함께 공부한 치유상담자들을 만나기란 쉽지 않다.[294] 그래서 치유상담자는 신학을 공부한 사람들이 치유 상담의 기본적인 원리들을 익히고 훈련받은 후 일반적으로 영적 전쟁에서의 치유 상담에 임해야 한다. 특히 치유상담자들은 자신의 의지나 결정과는 무관하게 대부분 치유상담자의 입장에 서게 된다. 치유 상담자는 영적 전쟁의 관심과 연구를 통하여 치유공동체가 요구하는 치유 상담의 필요에 부응해야 할 것이다.[295] 따라서 치유 상담을 위한 영적 전쟁에 대한 전체적인 이해와 영적 전쟁에 대한 영역들에 대하여 살펴보고자 한다.

영적 전쟁이란 무엇인가?

성경에서 말하는 영적 전쟁

영적 전쟁이란 죄악에 관한 논쟁으로, 즉 그리스도인과 사단과의 우주적인 전쟁이다.[296] 에베소서 6:12에 의하면, 사도 바울은 영적 전쟁의 의미에 대하여 말하기를, "우리의 씨름은 혈과 육을 상대하는 것이 아니요 통치자들과 권세들과 이 어둠의 세상 주관자들과 하늘에 있는 악의 영들을 상대함이라"라고 밝히고 있다. 성경에서 말하는 영적 전쟁의 개념은 하나님의 전신갑주를 입은 그리스도인과 정사와 권세, 그리고 어둠의 세상 주관자인 악한 영들과의 영적인 싸움을 가리키는 개념이다. 따라서 오늘날 치유공동체인 교회가 사단의 정사와 권세에 대항하여 싸워야 할 영적 전쟁은 이러한 성경적 개념의 영적 전쟁을 인식하고 그리스도인들이 복음을 증거 하는 복음 전도의 사명과 다음 세대에 완수해야 할 세계선교의 사명과 밀접한 관계가 있다.[297]

선교 신학에서 말하는 영적 전쟁

영적 전쟁에 대하여 최초로 언급한 인도 선교사 출신이요 호주 선교신학자 알렌 티펫은 남태평양 제도에서의 집단개종 운동을 설명하면서 '능력 대결'(Power Encounter)이라는 용어를 처음 사용하였다.[298] 티펫은 우상들과 영들의 힘을 의지하지 않고 기도로써 살아계신 하나님의 능력을 의지하는 능력 대결(power encounter)을 통하여 현지인들이 변화를 받아 집단으로 개종하였음을 주장하였다.[299]

이러한 영적 전쟁에 대한 개념은 알렌 티펫(Alan R. Tippett), 피터 와그너(C. Peter Wagner), 티모시 워너(Timothy M. Warner), 찰스 크래프트(Charles H. Kraft), 에드워드 머피(Edward F. Murphy), 에드워드 롬멘(Edward Rommen), 닐 앤더슨(Neil T. Anderson) 등 여러 선교신학자를 통해 보강되었다. 특히 '윌로우뱅크보고서'(The Willowbank Report)로 알려진 1978년 세계 복음화를 위한 로잔위원회 보고서에서는 다음과 같은 개념을 채택했다. 비서구적인 세계에 있어서 개종이라는 것은 능력 대결을 통해서 이루어진다는 것이다. 즉 사람들은 한때 그들의 신에게 혹은 우상에게 충성하다가 그들이 구원을 통해서 악의 영으로부터 그리고 죽음으로부터 해방을 받게 된다. 이것을 가리켜 영적 전쟁이라고 말한다.[300]

민간종교에서 말하는 영적 전쟁

민간종교의 영역에 있어서 종교의 내부를 두 가지로 구분하는 데 고등종교와 민간종교로 나눌 수 있다. 고등종교는 우주의 생성과 종말, 신과 구원, 인간의 삶의 의미 등 주로 형이상학적인 교리와 도덕, 그리고 권위 등을 다룬다. 이에 비해 민간종교는 인간의 삶의 현장에서 비롯되는 현실적인 문제를 다룬다. 즉 아이의 출생, 성년, 결혼, 회갑, 칠순, 질병, 죽음, 빈곤, 건축, 개업, 이사, 취업, 자녀 교육, 입시 등의 삶의 전이 기간(transitional periods)에 민간종교는 실질적으로 관여하고 있다.[301]

따라서 민간종교에서 말하는 영적 전쟁이란 축귀나 신유, 혹은 치유 상담 현상에서 매우 빈번하게 나타나는 하나의 표현 양태로서 전통적인 사제나 무당은 질병의 근원을 보이지 않는 세계의 영들에 의한 것으로 인식하고, 그들의 치유를 위해 악한 영들을 쫓아내고, 선한 영들을 달래어 인간과 영들과의 관계를 회복시키는 것이다. 육체적인 요인과 영적인 요인과의 상호 교통의 가능성, 그리고 이것을 통한 잃었던 관계의 회복(restoration), 개인이나 공동체 간에 상실된 관계의 조화(harmonization) 등의 사상은 민간종교의 긍정적인 측면이다.[302] 이러한 민간종교는 기독교 내에서도 발견되고 있다.

특히 사람들을 만나게 되는 전이의 기간(transitional periods)에 민중들은 통과 의례(a rite of passage)를 통해 그 과정(process)을 무사히 잘 통과하려고 한다. 즉 개업이나 이사, 취직, 질병, 결혼, 출생 등의 인생의 주요한 전이 기간에 민중 기독교인들은 새벽기도나 금식기도 혹은 기독교 목사의 축복기도, 안수기도 등 기독교적 통과 의례를 통해 기독교의 최고 신 하나님과의 화해를 시도하고 있다. 그러므로 귀신 들림이나 질병의 문제를 해결하려고 하는 민간종교의 중요한 종교 실천 형태인 영적 전쟁을 평가할 때, 고등종교의 입장에서 천박한 광신이라고 매도할 것이 아니라 하나의 민간종교의 잣대로 그것의 순기능과 공헌을 바르게 판단해야 할 것이다.[303]

형태론에서 말하는 영적 전쟁

무엇이 어떤 형태에 속한다는 것은 그것이 개별적으로는 상호 배타적이면서 집합적으로는 포괄적인 속성들을 드러냄으로써 다른 것과 구별된다는 의미이다. 이처럼 형태론에서 말하는 영적 전쟁을 분류하는 목적은 현상들 사이에 한정된 관계를 확립하여 논증이나 조사에 도움을 주기 위해서이다. 형태론에서 말하는 영적 전쟁은 한 가지 또는 여러 가지 종류의 속성을 나타낼 수 있으며, 당면한 문제에 중요한 의미를 갖는 특징들만 포함할 필요가 있다. 하나의 유형은 한 가지 종류의 속성만 연관되기 때문에 형태론은 다양한 변종이나 변천 중인 상황들을 연구할 때 이용될 수 있다.[304]

영적 전쟁의 정신의학적 이해

정신의학(Psychiatry)은 정신질환을 연구하고 치유하는 의학의 한 분야를 말한다.[305] 정신의학은 정신장애를 치유하는 과학이다.[306] 정신질환을 잘 이해하려면 심리학, 사회학, 인류학을 비롯한 사회과학, 그리고 법학, 철학, 신학 등 정신의학과 관련 있는 학문에서나 문학과 예술에서도 도움을 받아야 할 것이다.[307] 게리 콜린스(Gray R. Collins)는 『뉴 크리스천 카운슬링』(Christian Counseling 3rd edition)이라는 책에서 영적 전쟁에 있어서 정신의학적 이해에 대하여 말하기를, "불안, 불쾌감, 고독, 공포, 우울증, 죄책감, 이기심, 애정결핍, 거부감, 적개심, 분노 등이 포함된다"라고 보았다.[308]

불안(Anxiety)은 특정한 원인 없이 미래에 겪을지도 모를 상처와 고통들에 대한 두려움이다. 예를 들면, 상실, 난처함, 괴로움, 불편함, 장래에 당할지도 모르는 것에 대한 두려움과 죽음에 대한 공포를 의미한다.[309] 그래서 롤로 메이(Rollo R. May)는 불안에 대하여 말하기를, "이 시대의 가장 절박한 문제들 중에 하나다"라고 하였다. 불안은 정신질환의 핵심을 이루는 한 증후이기 때문에 인간 행동의 연구에 있어서 매우 큰 비중을 차지하고 있다.[310] 불안의 개념은 인간에게 여러 행동을 설명해 주는 중요한 요인으로 이르기까지 현대 정신의학계의 대표라고 할 수 있는 프로이드의 공로가 컸다. 프로이드는 노이로제를 설명하는 핵심적인 개념으로 불안이라는 단어를 사용하였는데 프로이드 이전에는 불안이라고 부르는 것이 신경쇠약에 포함되어 있었다.[311] 이러한 정신의학적인 차원의 두려움이나 고립감 이상의 불안은 자기 고백과 감정, 그리고 육체적인 현상이 한데 어우러져 나오는 아주 복합적인 것이다.[312]

사람들은 불안이 느껴질 때마다 즉각 벗어날 수 있는 여러 가지 방법을 모색한다. 그것은 술과 운동을 함으로써 해소하고, 아니면 불안의 원인을 찾아 문제해결이나 환경의 변화를 시도한다. 불안이 장기적인 병으로 지속될 때 신경안정제를 복용하기도 하지만 정신의학의 도움을 받기도 한다. 물론 신경안정제가 급한 상태를 가라앉히기도 하지만 근본적인 치유는 힘들며 정신의학적으로 낫는 사람은 극히 제한되어 있다.[313] 프로이드와 융, 그리고 애들러는 성경에 나타난 영적 전쟁에 대한 문제에 대해선 전혀 무관심하여 그런 영적 존재의 실존 자체를 부인한다.[314]

불쾌감(Displeasure)은 침착하지 않은 상태 또는 감정을 말한다. 고독(Loneliness)은 깊은 상처로 자아의 핵심까지 상처를 입는 경우를 말한다.[315] 이러한 고독은 주위에 마음을 나눌 사람이 없어 혼자 동떨어져 있음을 느끼는 정신의학적인 질환이다. 지구상에는 많은 사람이 살고 있지만 사람들은 점점 외로움을 느끼고, 그것 때문에 고통을 받고, 심지어 자살하는 경우들이 많아졌다. 미국 제40대 대통령 로널드 레이건(Ronald W. Reagan, 1911~2004)은 말년에 알츠하이머(Alzheimer) 병 때문에 힘든 시간을 보낸 것으로 알고 있다. 이 세상에서 가장 고독한 사람들이라면, 치매를 앓는 가족을 돌보는 가족과 친척일 것이다. 해가 거듭될수록 상태가 약화 된다면, 간병인의 고독은 더해질 것이고, 우울증이 나타나거나 몸은 약화 되기 마련이다. 그래서 많은 사람이 이러한 어려움 때문에 고통을 겪게 될 것이다.

공포(Proclamation)는 괴로운 상태가 현실적으로 다가옴으로 인해 일어나는 불쾌한 감정을 바탕으로 일어나는 정신적인 질환의 반응이다. 인간이 느끼는 공포의 종류는 약 250여 가지로 공포라는 용어 앞에 붙을 수 있는 대상은 셀 수 없을 정도로 많다고 한다. 이런 경우 사람이 공포를 느끼면 교감 신경계의 활동 증가로 인해 이유 없이 호흡이 곤란하고 심장 박동이 빨라져 긴장하게 된다. 심지어 떨리고 가슴이 조여드는 등 여러 가지 통증까지 유발하게 된다. 또한 땀이 나고, 현기증이 생기며, 기절할 것만 같고, 배속이 거북하고, 몸이 저리고, 차갑거나 달아오르는 것 같고, 갑자기 미칠 것만 같은 증상을 보이는 경우도 있다.[316] 이러한 공포에 인간이 노출되는 경우 발생하는 또 다른 정신의학적인 부작용은 우상숭배이다. 그래서 공포는 기독교인들을 포함하여 수많은 사람을 괴롭히는 정신의학적인 질병이라고 할 수 있다.

우울증(Depression)은 조절되지 않는 우울한 상태로 함께 동반 하는 것으로 의욕의 상실, 집중력의 장애, 입맛의 저하, 수면장애, 죄책감, 자살 등 여러 가지 고통스러운 경험을 하게 되는 정신질환이다.[317] 세계 전체 인구의 10% 정도가 앓고 있는 심각한 정신의학적 문제가 바로 우울증이다. 이러한 수치는 국가에 따라 다르나 정치적 변동과 경제적인 불안정한 시기에 발병률이 더욱 높아지고 있다. 물론 개인의 나이나 성향에 따라 다른데 특히 노인들의 우울증은 정신적인 문제를 지닌 노인들 사이에 만연되어 있다.[318] 그래서 우울증은 일반인들이 가장 흔히 직면하는 정신질환 중 하나이기 때문에 이것을 진단하고 치유하기 전에 우울증을 대부분 사람이 생각하는 통상적인 슬픔과 구분하는 것이 중요하다.[319] 우울증은 단순히 우울한 기분 상태만을 뜻하지 않고, 우울한 기분에서 수반되는 다양한 정서적인 표현이다. 동시에 이것은 생각을 우울하게 만들 뿐만 아니라 행동의 장애도 가져온다. 그리고 한 개인이 전체적인 사회관계를 맺어 가는 데에 많은 어려움을 초래한다.[320] 한 예로 남편이 심한 우울증에 빠져 사역을 할 수 없었기 때문에 본국으로 돌아가야 했던 선교사 부부의 경우, 2년 동안 정신적인 치유를 받았지만 아무런 진전이 없었다. 그러나 치유상담자는 그가 원한의 문제를 품고 있다는 사실을 알게 되자 그 사람들의 명단을 만들 것을 요청하고 한 사람씩 다루어 나갔는데 그들과 화해할 것을 동의하고 용서하였다고 한다.[321] 이러한 현상은 발달적, 심리적, 대인관계적, 영적인 요인들과 다른 비육체적 요인들의 영향이 우울증의 증상에 내재 되어 있음을 암시하고 있다.

죄책감(Sense of Guilt)은 사람이 죄를 범했을 때나 혹은 개인이 도덕적 기준을 위반했을 때, 어떤 일을 한 것에 대한 책임감을 느낄 때 생기는 정신적·감정적 고통을 말한다. 그래서 죄책감은 고통스러운 감정이기 때문에 사람들은 자신도 모르게 이 감정을 숨기려 하고, 생각조차 하지 않으려고 한다.[322] 이러한 정신적인 질환은 다음과 같은 후유증의 결과로 나타난다.[323] 첫째, 사람의 에너지를 고갈시켜서 육체적·정신적·영적으로 병들게 하여 마음의 상처를 남긴다. 사실 죄는 마치 운석과 같은 것이어서 작아도 땅에 떨어지면 그 자리에는 큰 자국이 남는다. 인간은 죄를 지으면 죄책감으로 인해 괴로워할 뿐만 아니라 자신을 학대하고 미워한다. 둘째, 두려움이 생겨 자신이 '어떤 죄에 합당한 대가를 받지 않을까?' 하는 걱정을 하게 된다. 이때 만약 좋지 않은 일이 생기면 하나님이 자신을 벌하신 것으로 생각할 뿐만 아니라 두려움에 떨게 되어 자신의 죗값을 자신이 갚으려고 한다. 셋째, 하나님과의 교제를 가로막아 자신이 '혹시 하나님으로부터 버림받지 않을까?' 하는 걱정과 함께 고민에 빠지거나 열등감과 자학으로 인해 하나님의 은혜를 받아들이지 못하고 거부하게 된다. 그래서 하나님이 나를 사랑하신다는 말을 의식적으로는 생각하지만 급한 일이 생기면 하나님을 찾지 않고 오히려 자기가 취할 방법을 먼저 행동으로 옮긴다. 그리고 하나님을 대신하여 자기 자신을 의지하도록 노력한다. 마지막으로 넷째, 엄청난 스트레스와 압박을 가하여 다른 사람들과의 정상적인 관계를 어렵게 만든다.

그러나 성경은 인간이 죄로부터 자유로워졌기 때문에 범죄 해도 된다는 것이 아니라 자유로워졌기 때문에 풍성한 삶을 사는 방법을 배울 수 있다고 말한다.[324] 따라서 잘못된 죄책감에서 진정한 자유로 나아가도록 처벌과 훈련의 차이, 그리고 율법과 은혜의 차이에 대한 올바른 인식을 지녀야 한다. 예수 그리스도를 믿게 되면, 하나님은 결코 인간을 처벌하시지 않는다는 사실을 깨달아야 한다. 그것은 죄인인 인간을 대신하여 예수 그리스도를 처벌하셨기 때문이다.

이기심(Selfishness)은 자기 자신의 이익만을 꾀하는 마음이다. 이러한 마음은 개인주의적 성향이 매우 지나쳐 상대방에게 피해를 주는 수준까지 도달할 정도로 심각한 성격적 결함이다. 이런 성격을 가진 사람은 이기주의자로 다음과 같은 특징을 가지고 있다. 첫째, 다른 사람과의 의견 중에 자신의 의견과 조금이라도 맞지 않을 경우 무조건 무시한다. 둘째, 자신의 의견을 관철하기 위해 죽을힘을 다하기 때문에 고집이 매우 세다. 셋째, 좋은 것과 싫은 것을 극단적으로 가린다. 좋은 것은 매우 좋아하나 자신에게 싫은 것은 아무리 세상에 이롭다 해도 이를 갈며 증오한다. 이러한 이기심은 그 증세가 심할 경우 범죄와 연결되기도 한다.[325]

애정결핍(Love Deficiency)은 사랑의 정이 부족하여 생기는 일종의 질병이다. 예를 들면, 어린 시절에 부모의 사랑을 다 받지 못하였거나, 정신적 성숙기에 이성에게 겁탈을 당하거나 안 좋은 기억이

남아 있을 때 사랑을 주기만 하고 받지는 못하는 사람의 경우 애정 결핍의 증세가 나타난다.

거부감(Repulsion)은 거부하는 마음이나 느낌을 말한다. 다시 말하면, 거부감은 단지 불쾌감을 나타내는 것인데 속마음이 들켰을 때 당혹감을 감추기도 한다.

적개심(Hostility)은 고통스러운 감정들이 고질적으로 억눌리게 될 때, 정신적 질환 혹은 심리적 질환으로 표면상에 나타나는 것이다. 이러한 적개심은 깊은 상처뿐만 아니라 인간 개성 발달의 장애물로 등장한다. 그다음으로 통제력을 잃게 되고 폭발하게 되어 개인의 경우 깊은 실의에 빠지게 된다.[326] 이러한 적개심은 영적 전쟁에 있어서 마이너스로 침식해 들어가는 독약과도 같은 것이다. 그것은 악한 결과로 자기 정죄에 속박시킨다.

분노(Anger)는 현대 정신의학의 이론을 떠받치고 있는 중요한 주제들 가운데 하나로 일반적으로 강한 적개심이나 의분의 감정으로 정의될 수 있다. 이러한 자기 존재가 수용되지 않다고 느껴질 때 일어나는 감정은 모욕, 멸시, 좌절감, 가상적인 위협이나 실제적인 위협, 부당한 처사로 인한 강렬한 불쾌감 때문에 생기는 흥분된 감정이다.[327] 분노는 육체적인 대응상태를 만들어 화가 나면 육체 부위와 연결이 될 뿐만 아니라 얼굴이 붉어지고, 몸에 열이 나며 혈압이 높아져 맥박이 빨라지고 가슴이 두근거리고 생각이 마비된다. 그리고 화가 지속될 경우는 얼굴이 타거나, 고혈압, 근육수축,

대장 장애, 두드러기, 습진, 축농증, 비염, 천식, 편두통, 요통, 화병 등으로 나타나기도 한다. 그래서 담배를 피우거나 술을 마시기도 하며, 그 외에도 분노는 인체 내에서 일어나는 아드레날린의 생화학 반응과 그 밖의 많은 감정을 불타오르게 하는 연료가 된다.[328] 이러한 분노가 잘못 표현될 때 많은 개인과 가장은 아픔을 겪게 된다. 또한 배우자와 부모, 그리고 자녀를 향하여 분노가 표현되어 거친 말이 오가고 주먹질하다가 마침내는 자살이나 타살로 끝을 맺는 경우도 적지 않다.[329]

분노는 어린이로부터 노인에 이르기까지 모든 사람에게 나타나는 보편적 감정으로서 가볍게 약이 오르는 정도에서 격노에 이르기까지 다양한 강도로 발생한다. 이렇게 분노의 감정을 부정적으로 보게 된 이유는 인류의 종교 문화적 가치관에서 기인한다. 예를 들면, 유교에서는 성숙하고 건강한 사람은 화를 내지 않는다고 가르치나 불교에서는 모든 화가 다 욕심에서 일어난다고 말한다. 이러한 주장 때문에 분노는 감정을 억압하게 된다. 물론 전통적으로 기독교는 분노를 치명적인 죄로 보기에 중세로부터 현대에 이르기까지 분노가 금지된 것이다.[330] 그러나 한국 샤머니즘(Shamanism)의 경우는 분노에 대해 자유롭게 표출하도록 하는 데 그것은 죄로 인식하지 않기 때문이다. 이런 의미에서 샤머니즘의 굿은 일종의 치유적인 역할을 하는 경향이 있어서 억압된 한을 풀기도 하였다.

이러한 분노의 대상이 하나님이 되기도 하며, 이것은 자기에게 피할 수 없는 운명을 씌워 준 강자라고 생각하여 오는 약자의 분노인 것이다.[331] 성경에는 분노에 대하여 어떻게 표현되어 있는지 찾아볼 수 있다. 구약성경에는 분노라는 낱말이 450회 이상 나오는데 그중에 375번이나 하나님의 분노와 관련해서 사용하고 있다. 그 가운데 시편 7:11은 "하나님은 의로우신 재판장이심이여 매일 분노하시는 하나님이시로다"라고 말한다. 신약성경에서도 예수님은 외식하는 바리새인들을 향해 "뱀들아 독사의 새끼들아"라고 분노하셨다(갈 1:6; 4:21). 이러한 분노가 하나님이 인간에게 주신 감정이라는 사실을 사도 바울은 알고 있었다. 그러나 하나님의 분노와 인간의 분노는 분명히 차이가 있다. 하나님의 분노는 죄를 지을 가능성이 전혀 없는 공의에서 나온 분노이지만 인간은 자신의 죄성에 근거해서 분노를 표출할 가능성이 많다는 것이다. 따라서 자신의 분노를 억압하거나 부정할 때 분노가 내면화되기 때문에 삶은 더욱더 어려워지는 것이다. 그래서 성경은 분노에 대하여, "분을 내어도 죄를 짓지 말며 해가 지도록 분을 품지 말라"고 권면하고 있다(엡 4:26). 사단은 이러한 정신적인 영역에 공격을 가할 수 있다. 에베소서 6:12는 이것을 사람의 정신 속에 일어나는 영적 전쟁이라 말한다. 그래서 사단은 과거의 범죄한 정신적 경험을 멍에(bondage)로, 공격의 근거로 삼을 수 있을 것이다.[332]

오늘날 많은 그리스도인 가운데서 죄를 용서받고 난 뒤에 과거의 죄의식(guilty sense) 속에서 괴로워하는 이들이 많이 있다. 이런 행동은 하나님 약속의 말씀을 불신하는 죄의 행위가 되고, 또한 사단은 그 멍에를 이용하여 다른 범죄로 발전시켜 나가게 할 수 있다.[333] 사단은 치유상담자들이 그들의 사역을 수행하지 못하도록 모든 방법을 사용할 것이다. 삶의 현장에서 주민들이 분명히 사단의 소행으로 인식하는 영적 전쟁에서 치유상담자가 어찌할 줄 모를 때, 아무리 그 타격이 없다 하더라도 복음 전파에 방해되는 것은 분명하다. 그러나 치유상담자가 영적 전쟁에서 이기지 못할 때, 사람들은 귀신들의 능력이 치유상담자가 섬기는 그리스도의 능력보다 더 큰 것으로 생각할 수 있다.[334] 그러나 오히려 이러한 영적 전쟁의 도전 앞에 싸워서 이기는 것은 복음을 강하게 증거 하도록 할 것이다.

영적 전쟁의 심리학적 이해

심리학(Psychology)은 인간의 마음과 행동을 연구하는 학문을 말한다.[335] 심리학은 영어로는 'Psychology'(사이컬러지)라고 하며, 마음 혹은 영혼을 의미하는 헬라어 프쉬케(Ψυχη)를 영어로 음역한 Psyche(프시케)에서 온 말이다. Psyche(프시케)와 연구를 의미하는 logos(로고스)의 두 단어가 합성되어 심리학이 되었다. 물론 심리학은 인간의 육과 혼, 그리고 영에 역사하시는 하나님의 존재나 그

능력을 인정하지 않기 때문에 온전히 이해하는 데 그 한계를 드러낼 수밖에 없다. 심리학이 연구대상이라고 간주하고 있는 현상들은 아주 광범위하다. 어떤 현상은 생물학과 겹쳐 있고, 또 다른 현상들은 인류학이나 사회학과 같은 사회과학과 관계된다. 어떤 것들은 동물의 행동과, 많은 다른 현상들은 인간의 행동과 관계되어 있다.[336]

심리학의 주된 연구 분야는 감각, 정서, 대인관계, 동기, 성격, 인지, 행동 등으로 나눌 수 있다.[337] 감각(Sensation)은 일반적으로 감각기관의 자극에서 생겨난 지적 상태를 말한다. 어떤 감각 경험이 있기 위해서 외부세계의 물리적 에너지가 감각기관에 작용하여 신경계의 활동인 신경에 흥분을 일으키고 이것이 감각 경로를 거쳐 뇌로 전달되어야 한다.[338] 정서(Emotion)는 가장 넓은 의미에서 느낌을 말한다.[339] 정서는 인간의 희로애락을 느끼는 기능으로 사고방식과 밀접한 관계를 맺고 있다. 정서가 타락하면 의심뿐만 아니라 부정적인 정서를 초래하고 만다. 인간에게는 정적인 요소가 강해서 슬픈 것을 보면 눈물이 나오고, 감동을 받고, 아울러 정서에 상처를 받기도 한다.[340] 이처럼 정서는 세 가지 조각으로 첫째, 생리적 활성화로 심장 박동이 빨라진다. 둘째, 표현 행동으로 행동이 빨라진다. 셋째, 사고와 감정을 포함한 의식적인 경험의 혼합이다.[341]

대인관계(Interpersonal Relations)는 사람들이 사회생활 속에서 다른 사람들과 관계를 맺고 그 관계를 친구나 동료와 같은 친밀한 관계로 발전시키고 유지하면서 살아가는 것을 말한다. 다른 사람들과 친구 관계를 맺거나 그 밖의 다른 친분을 맺는 것은 일상생활에서 매우 중요한 과정일 것이다.[342] 따라서 사람들은 대인관계를 통해서 자신의 욕구를 충족시키고, 편안함과 애정을 주고받고, 감정적 지지를 얻고, 충고를 듣거나 조언을 해 주고, 다른 사람에게 영향력을 발휘하고, 자아상을 발전시킬 수 있을 것이다. 동기(Motivation)란 행동을 활성화하고, 어떤 목표를 향하게 행동에 방향을 제시하는 욕구 혹은 욕망을 말한다.[343] 성격(Personality)이란 사고와 느낌, 그리고 행동에 관한 패턴을 말한다. 다시 말하면, 개인이 환경에 적응해 가는 방법을 결정해 주는 독특한 사고방식이나 이에 따른 일관된 행동양식이라 할 수 있다.[344] 그래서 사람들은 행동 패턴이 매우 분명하고 일관성이 있다면 강한 성격을 가졌다고 말한다.[345] 인지(Recognition)는 의식의 흐름 가운데 있는 언어적 혹은 심상적 사상(事象)을 말한다. 사람들의 인지는 과거 경험으로부터 발전된 어떤 태도나 가정에 기초를 둔다. 예컨대 어떤 사람이 자신의 모든 경험을 자신이 유능한지 아닌지의 관점에서만 해석한다면 그 사람의 사고는 내가 모든 일에 완벽하지 못하면 나는 실패자라는 도식에 의해 지배되고 있을 것이다.[346] 행동(Behavior)이란 전형적으로 유기체에 의한 어떤 반응이나 활동을 말한다. 이러한 정의는 범위가 매우 넓기에 심리학자들은 방대한 현상을 연구한다는 것을 의

미한다.[347]

이러한 기초적인 연구를 통해 노동, 교육, 가족, 회사 등의 일상 생활 속에서 일어나는 다양한 인간 행동에 대해 심리학적 지식을 적용하고 정신 건강상의 질병을 치유하는 것을 목적으로 한다. 또한 심리학은 대상에 따라 교육, 발달, 건강, 산업, 법률, 종교 등과 관련해 다양한 하위 전문 분야를 두고 있다.[348] 오늘날 심리학자들은 다양한 주제들에 많은 관심을 가진다. 현대 심리학의 다양한 내용을 살펴보면, "첫째, 각 개인의 그 나름대로 특유한 면을 찾아내려는 심리학 영역으로 성격과 능력에 관한 연구이다. 둘째, 심리 과정이나 행동의 형성과 변화에 관심을 갖는 영역으로 발달과 학습에 관한 연구이다. 셋째, 심리 과정의 정의적인 측면으로 다루는 심리학의 연구로 정서와 동기에 관한 연구이다. 넷째, 의식 속의 경험적 사실들이 주어지는 과정에 관한 영역으로 감각과 지각, 그리고 인지 등의 연구이다. 다섯째, 심리적 사실이나 행동이 보존되고 직접 경험을 넘어서 처리되는 심리작용을 연구하는 영역으로 기억과 사고에 관한 연구이다"라고 주장하였다.[349] 그 외에 심리학을 통해 사회행동에 관한 심리학적 연구 등 많은 영역이 있을 것이다. 그것은 심리학이 어떤 기준적인 구조를 갖춘 학문이라기보다는 앞으로 계속해서 모색 단계에 있는 학문이기 때문이다.

이러한 관점은 일선에서 사역하는 선교사들 경우에 힘든 생활환경과 피곤한 대인관계, 그리고 문화적 적응 속에서 정도에 차이는 있으나 영적인 압박을 경험한다.[350] 예를 들면, 이슬람 선교전문가 필 파샬(Phil Parshall)은 32개국에서 일하는 37개 선교단체에서 390명 선교사들을 대상으로 조사한 결과 응답자의 30% 이상이 경건의 시간을 규칙적으로 유지하는 것이 가장 큰 영적인 갈등이라고 말했다. 또한 대다수가 실망과 좌절을 자주 경험했으며, 응답자의 20%가 선교사가 된 후에 신경안정제를 복용한 일이 있다고 말했다.[351] 이러한 영적 전쟁의 최전선에 놓여 있는 모든 선교사는 개인과 사역에 대한 심리적 문제들을 솔직하게 나눌 수 있는 믿을 만한 안전한 탈출구가 필요하다. 따라서 선교사들은 영적 전쟁을 위한 선교를 위해 심리학을 통합적으로 연구할 필요성이 있다.

심리학적 논의는 영적 전쟁의 모든 영역과 연관되어 있기에 그 모든 영역의 배후에 놓여 있는 것이 인간의 마음이다. 영적전쟁이 일어나는 장소는 인간의 마음으로 사단은 하와에게 그랬던 것처럼 인간의 마음을 부패하도록 만들었다. 이러한 마음의 부패는 개인에게도 영향을 미칠 뿐만 아니라 치유상담자들조차도 실제의 문제에 부딪혔을 때, 사단의 희생물이 될 수 있다.[352] 따라서 치유상담자들은 자신의 마음에 대하여 정직하며, 예수 그리스도 안에서 새 사람으로 살아가려는 믿음의 확신을 갖고 영적 전쟁의 취약점을 해결해야 한다. 물론 삶의 현장에서 심리적 긴장이 아주 심하게 느껴지는 경우가 있다. 그러나 치유상담자는 좀처럼 그 원인을 사단에게 찾으려 하지 않는 데에도 문제가 있는 것이다.

영적 전쟁의 선교 신학적 이해

선교 신학(Theology of Mission)은 기독교 신앙의 관점에서 세계선교의 동기, 메시지, 방법, 전략, 그리고 목표를 결정하는 기본 전제와 근본적 원리들로 모든 세상에 온전한 복음을 전하려는 모든 교회의 공동 증거로서 이해되는 것을 말한다.[353] 1989년 제8차 로잔 세계 복음화 국제대회에서는 영적 전쟁에 대한 문제들이 세계 선교학계에서 비상한 관심을 불러일으키지 못했다. 그러나 삶의 현장에서는 영적 전쟁의 일들이 벌어지고 있다. 특히 포르투갈 국가의 경우, 사회 전체 범죄의 80% 정도가 마약과 관계된 것으로 수도 리스본 시내는 하루 종일 돈만 있으면 얼마든지 마약을 사서 맞을 수 있는 거대한 마약촌이다. 이처럼 악한 영들이 마약과 에이즈로 포르투갈의 젊은 영혼들을 사로잡고 있다.[354] 또한 치앙라이는 태국의 불교 인구가 94%를 차지할 정도로 기독교 복음화율이 겨우 0.5%에 이르는 선교가 힘든 현장이다.[355] 이러한 어둠의 영이 사로잡고 있는 영적 전쟁의 상황은 삶의 현장에서 흔한 일이다. 이러한 관점에서 선교신학자들의 영적 전쟁에 대한 이해를 검토해 보려고 한다.

알렌 티펫이 말하는 영적 전쟁

티펫은 우상들과 영들의 힘을 의지하지 아니하고 기도로써 살아

계신 하나님의 힘을 의지하는 능력대결(power encounter)을 통한 현지인의 변화, 즉 집단개종 운동을 설명하였다.[356] 그는 정령 숭배자들(animists)의 경우 영적 전쟁을 통해서 하나님의 권능을 체험하기 전에는 참된 회심이 일어나지 않는다고 주장하면서 영적 전쟁을 선교전략으로 제시하였다. 이후 풀러신학교를 중심으로 피터 와그너(C. Peter Wagner)와 존 윔버(John Wimber), 그리고 찰스 크래프트(Charles H. Kraft) 등이 오순절 운동과 은사주의 운동의 맥을 이어서 복음주의적 성령 운동이라고 지칭하는 제3의 물결 운동을 일으키게 되었다.[357] 이러한 영적 전쟁은 삶의 현장에서 커다란 영향을 미치는 선교전략이지만 복음주의 내에서 적지 않은 지적을 받는 것 또한 사실이다.

피터 와그너가 말하는 영적 전쟁

1990년대는 전 세계적으로 영적 전쟁에 대해 큰 관심을 가졌던 시기였다. 그때 와그너는 이 세상에는 수많은 전쟁이 있다고 주장했다. 와그너는 세 가지 수준의 영적 전쟁을 다음과 같이 구분하였다. 첫째, 지상전 수준의 영적 전쟁이다. 이것은 어떤 사람들 중 개인들에게서 귀신을 쫓아내는 단계를 말한다.[358] 이러한 축귀 사역은 예수님이 열두 제자들을 보내실 때 더러운 귀신을 쫓아내며, 모든 병과 모든 약한 것을 고치는 권능을 주셨다(마 10:1). 또한 예수님이 보내신 70명의 제자가 돌아왔을 때 그들은 "주여 주의 이름으로 귀신들도 우리에게 항복하더이다"라고 말했다(눅 10:17). 그리고 빌립이 사마리아 성에서 복음을 전했을 때 "많은 사람에게 붙었던 더러운 귀신들이 크게 소리를 지르며 나갔다"라고 기록하고 있다(행 8:7). 그러나 에베소에서는 큰 능력이 넘쳐서 "심지어 사람들이 사도 바울의 몸에서 손수건이나 앞치마를 가져다가 병든 사람에게 얹으면 그 병이 떠나고 악귀도 나가"는 일이 일어났다(행 19:12).

이 모든 일이 지상전 수준의 영적 전쟁을 말해 준다. 신약성경은 물론 오늘날에도 가장 보편적인 형태의 영적 전쟁이다. 축귀 사역에 종사하는 사람들 모두가 지상전 수준의 영적 전쟁을 치르고 있다고 할 수 있다. 특히 선교 현장에서 이러한 영적 전쟁의 체험에 간증들이 많이 있다. 중국, 네팔 같은 아시아 지역은 물론 미국 및 남미의 일부 은사주의자들 사이에서는 축귀 사역이 가장 효과적인 치유 상담 사역 중의 하나이다.[359] 둘째, 주술적 수준의 영적 전쟁이다. 사단의 역사는 무당, 뉴에이지 운동가, 주술사, 사단 숭배자 등을 통해 이루어진다. 또한 샤머니즘, 프리메이슨, 티베트 불교 또는 기타 신비주의 활동들이 있다.[360] 그들을 대적하는 단계가 주술적 수준의 영적 전쟁이다.[361] 이러한 종류의 악령은 두통, 결혼 파괴, 알코올 중독 등을 야기되는 보통 종류의 귀신과는 다르다. 사도행전 16:16-24는 빌립보에서 점하는 귀신 들린 여종이 사도 바울을 괴롭혀서 사도 바울은 마침내 예수의 이름으로 그 귀신을 쫓아냈다. 이 귀신이 보통 귀신과 다른 이유는, 이 사건으로 인해 그 지역에 큰 소동이 일어났고 사도 바울과 실라는 옥에 갇히게 되었다.

미국 사람들은 주술적 수준의 영적 전쟁에 대해 무지하여 과거 레이건 대통령과 낸시 여사가 중요한 국사를 점성술사와 상의한다는 사실에 대해 아무런 관심 또한 갖지 않았다. 매사추세츠주의 마이클 두가커스 주지사가 어떤 여인을 주(州) 지정 마녀로 임명했다고 해서 보수주의 신자들이 그에게 표를 던지지 않은 것은 아니다. 독일에서 등록된 마녀가 등록된 목사 수보다 많다는 사실은 놀라운 일이 아닐 수 없다. 불란스 지역의 선교사에 의하면, 그들은 병이 났을 때 의사보다는 무당과 상의하는 사람이 더 많다고 한다. 물론 정확한 통계는 없지만 여러 가지 정황 증거를 고려해 볼 때 심각한 문제가 아닐 수 없다.[362] 마지막으로 셋째, 전략적 수준의 영적 전쟁이다. 이것은 더 악한 영인 지역의 귀신(territorial spirits)과의 영적 전쟁을 말한다. 요한계시록 12:7에서 "하늘에 전쟁이 있으니 미가엘과 그의 사자들이 용과 더불어 싸울새 용과 그의 사자들도 싸우나"는 전략적 수준의 영적 전쟁을 가장 잘 묘사하는 곳이다. 이것은 보통 귀신이나 주술적 악령들을 대하는 것과는 전혀 다르다. 전략적 수준의 영적 전쟁은 지상적 수준의 영적 전쟁 그리고 주술적 수준의 영적 전쟁과 완전히 분리되지는 않는다. 여기서 이 세 가지 수준의 영적 전쟁은 서로 상호관련성이 있을 뿐만 아니라 서로 영향을 주고 있다. 전략적 수준의 영적 전쟁은 다른 말로 하

면 우주적 수준의 영적 전쟁 혹은 중보기도(intercession)라고도 부른다.[363]

와그너는 영적 전쟁을 궁극적인 목적으로 보지 않고 단지 잃은 자를 찾아 구원하는 목적의 수단으로 보았다(눅 19:10). 예수님은 인간이 하나님께로 돌아오기를 소원하셨고, 그 목적을 위해 십자가에서 죽으신 것이다. 예수님의 초점은 인간이지 사단이 아니었다. 사단은 인간을 구원하는 일에 최대의 장애물이었다. 따라서 영적 전쟁은 인간을 살리는 사역이다. 영적 전쟁의 목적은 곧 전도와 선교, 그리고 교회 성장이라고 볼 수 있다. 와그너의 영적 전쟁을 통해 정사와 권세에 대항 하고 복음을 단지 선포하는 것 이상으로 불신자들을 사로잡고 있는 영적 감옥의 간수인 사단에게 선전포고를 하는 것이다. 여기서 기도는 영적 전쟁에 있어서 가장 강력한 무기로, 치유상담자들은 전도하기 전에 먼저 그 도시 전체를 위해 기도해야 한다. 또한 그 지역을 덮고 있는 어둠의 영적 권세자들이 묶임을 받았다고 느낄 때까지 기도해야 하며, 그 후에 복음을 전파하는 것이다.[364] 따라서 치유 상담에서 가장 중요한 것은 사람들을 예수님께로 인도하는 일이다. 복음 전파는 의(義)의 영들과 영적 전쟁의 결과에 의해 좌우될 것이다. 이러한 와그너의 영적 전쟁은 사단을 물리치는 가장 중요한 무기가 있다면 전투적 기도일 것이다.

티모씨 워너가 말하는 영적 전쟁

워너는 원하든 원치 않든 그리스도인들은 영적 전쟁 가운데 있는 군사이며, 이 영적 전쟁에서 피할 수 없다. 그는 영적 전쟁은 궁극적으로 세계 복음화와 직결된다고 보았다. 워너가 말하는 이러한 영적 전쟁은 전도와 연결하여 현존하는 하나님의 능력이 인간을 사단의 능력에서 벗어나게 하는 하나님의 능력에 대한 현실성을 강조하였다. 그래서 영적 군사인 그리스도인들은 하나님의 영광과 하나님의 나라 확장을 위해 앞장서야 한다. 영적 전쟁은 성공적인 전도와 교회 개척에 있어서 필수적인 요소로 제시된다. 특히 교회는 여러 가지 기능을 가지고 있는데 그중에 사람들을 흑암의 권세에서 그의 사랑하는 아들의 나라로 옮기는 전도야말로 교회의 가장 기본적인 기능이라 할 수 있을 것이다. 교회의 전도는 일종의 영적 전쟁이며, 사단의 영역으로부터 하나님의 영역으로 옮기는 것이다.[365]

이러한 워너의 영적 전쟁의 성격은 그리스도인과 사단과의 싸움으로 정의한다. 창세기 3:15의 이후로 인간이 피할 수 없는 한 부분이 되었다. 여기서 중요한 것은, 예수 그리스도는 십자가와 부활을 통하여 사단을 패배시켰으나 하나님의 선하신 뜻에 따라 적에 대한 최후의 심판을 아직 유보하고 계신다는 점이다.[366] 따라서 앞으로 치유 공동체인 교회는 영적 전쟁의 실상을 바로 인식하고, 예수 그리스도가 이 땅에 다시 오실 때까지 영적 전쟁이 끝났음을 알려

주실 때까지 하나님의 명령인 복음을 전하기 위해서 하나님의 능력을 사용해야 할 책임이 있다는 것을 기억해야 할 것이다.

찰스 크래프트가 말하는 영적 전쟁

1950년대 나이지리아 선교사로 활동하며 영적 전쟁의 실체를 실감한 크래프트는 선교 활동이 영적 전쟁과 긴밀한 관계가 있다는 것을 알고 연구하기 시작했다. 또한 풀러신학교의 교수로 선교사 후보생들과 신학생들에게 사단의 정체를 알고 대적하도록 훈련하는 것을 병행했다. 그래서 선교사들은 영적 전쟁 분야에서 훈련을 받아 실제로 영적 전쟁을 감당할 수 있어야 한다고 강조하였다. 이러한 영적 전쟁은 하나님의 나라와 사단의 나라 사이 전쟁이다.[367]

크래프트의 영적 전쟁이라는 개념을 이해하기 위해서는 무엇보다도 하나님의 나라와 사단의 나라에 관한 성경적 가르침을 폭넓게 이해할 필요성이 있다. 크래프트는 영적 전쟁을 타락 이래 성경에서 하나님의 나라와 사단의 나라가 계속해서 서로 싸우는 것으로 지상과 천상에서 일어난다고 보았다. 지상에서 그 전쟁들은 종종 명백하게 나타난다. 특히 크래프트는 욥기 2장의 하나님과 사단 사이에 대화를 예로 들었다. 여기서 하나님은 욥을 의인이라고 하면서 사랑하신다. 그러나 사단은 그를 시험하도록 허락해 달라고 요구한다. 그래서 하나님은 사단에게 욥으로부터 그의 생명을 제외한 모든 소유물을 빼앗도록 허락하신다(욥 1:12; 2:6). 욥은 불평

하지 않았으며 끝까지 신실함을 지킨 것을 볼 수 있다. 결국 영적 전쟁에서의 승리는 하나님께로 돌아가는 것인데 욥은 그의 억울함을 푸는 동시에 하나님께로 부터 그가 잃었던 모든 것을 열 배로 받았다.[368] 하나님의 나라는 예수님의 사역에 일관된 주제였다. 그는 그것에 대하여 말씀하셨는데, 그것을 입증하여 예시하셨고, 제자들에게 삶의 우선순위에 두도록 명령하셨다(마 6:33). 그리고 예수님의 부활 이후, 그는 성령의 인도와 능력하에 땅끝까지 그것을 확장하도록 그를 따르는 자들에게 그 나라를 넘겨주셨다. 이 일을 위해 그는 그들을 세상에 다시 말하면, 적진의 배후에 남겨 두셨다. 그리고 우리를 그의 권세로 무장시키고, 우리에게 그가 돌아오기 전에 하나님의 나라를 위해 가능한 한 많은 영토를 회복하도록 명령하셨다. 이것은 하나님이 아담에게 주신 명령으로 그에게 순종하고 의지하려는 명령을 기꺼이 수행하고자 하는 구속받은 자들의 나라이다.[369]

크래프트의 하나님 나라에 대한 특징은 사단의 나라와 특징이 완전히 반대된다. 하나님은 원수가 부과한 속박 대신에 자유를 주신다(눅 4:18-19). 그 자유는 사랑의 하나님께 대한 순종에서 나온다. 그것이 영적인 문제로부터든지 정서적인 문제로부터든지 혹은 육체적인 문제로부터든지 간에, 하나님은 사단의 굴레에서 자유를 주시기 원하신다. 그리고 사람이 예수 그리스도께 나와 육체적 혹은 정서적 치유를 받거나, 또는 귀신의 영향에서 해방될 때 진영은

사단의 나라에서 회복되어 하나님의 것이 된다.[370]

하나님의 나라는 선한 반면에 사단의 나라는 악하며, 또 사단의 나라가 기만적인 데 반하여 하나님의 나라는 진실하다. 그러나 하나님의 나라와 사단의 나라는 이 세상 안에 나란히 병존하고 있다. 반면 두 나라는 그 행위를 통해서 분명하게 구별된다(요 3:19-21). 하나님의 아들이신 예수 그리스도는 바로 사단의 나라를 쳐부수기 위해 이 땅 위에 오셨다(요 12:31). 그리고 예수님께서 오셨다는 사실로 인해 마귀들은 두려워 떨게 되었다. 왜냐하면 사단은 예수님에게서 하나님의 능력과 권세가 흘러넘침을 느낄 수 있었기 때문이다. 그리고 그들이 그때까지 누릴 수 있었던 행동의 자유를 더는 하나님께서 허용하시지 않을 것임을 알았다(막 1:23-24). 여기서 우리는 이미 예수님께서 보여 주신 영적 전쟁의 모습을 발견할 수 있다.[371]

크래프트는 영적 전쟁을 수행하는 데 있어 예수 그리스도의 사랑과 능력을 나타낼 수 있는 다양한 방법을 모색할 필요가 있다고 말했다. 그리고 토속 종교의 무당과 제사장과 같은 민속 혹은 사교 술객(animistic practitioners)들이 예수 그리스도의 사랑과 능력을 목격하게 될 때 그들이 예수님께 돌아온다고 말했다. 이른바 영적 전쟁이 공적으로 행해질 때 비신자들은 예수님의 능력이 어떤 주술적 능력보다 크다는 것을 몸소 체험하게 된다는 것이다. 이와 관련해서 크래프트는 최근 많은 무슬림들이 치유와 축귀 사역을 통해 회심하고 있다고 말하면서, 무슬림들은 능력에 대해 지대한 관심을 가지고 있기에 예수 그리스도의 사랑과 능력에 상당한 매력을 느끼고 있다고 말했다. 이는 수많은 개종자가 치유 속에서 참 하나님과 예수 그리스도를 알고 있다는 이슬람권 선교사들의 보고와 무관치 않다.[372]

에드워드 머피가 말하는 영적 전쟁

머피는 『영적 전쟁의 핸드북』(The Handbook for Spiritual Warfare)이라는 책에서 영적 전쟁에 대하여 말하기를, "우주에서 일어난 반란이다"라고 주장하였다.[373] 이러한 영적 전쟁에 가담하고 있는 영은 마귀, 정사, 권세, 이 어둠의 세상 주관자들과 악의 영들이요, 이들에게 대항하여 싸우는 것이 영적 전쟁이라고 정의할 수 있다. 그런데 오늘날 영적 전쟁에 관한 많은 책이 나왔지만 안타깝게도 교회는 여전히 영적 전쟁에 대해 무지하다는 것이다. 그래서 그리스도인은 영적 전쟁의 관계에 있어서 올바른 균형을 유지함으로써 악한 영으로부터 오는 해악을 피할 뿐만 아니라 선한 영으로부터 도움을 받아야 할 것이다.[374]

머피는 영적 전쟁(spiritual warfare)과 능력 대결(power encounter)을 구분하고 있다. 영적 전쟁은 악한 영과 사단과의 직접적인 능력 대결을 포함할 뿐만 아니라 그리스도인이 자신의 육체적 욕망과 세상의 잘못된 구조와 싸우는 모든 것을 포함하는 포괄적인 전쟁임을 주장하였다.[375] 하나님은 오늘날 교회가 이러한 악한 영과 영적 전쟁 가운데 있음을 알기 원하셨다. 우리가 싸우는 악은 비인격적인 존재가 아니다. 사단은 인격을 갖고 있으며, 사단의 왕국을 형성하고 있는 초자연적인 존재들이다. 그래서 믿음의 투사이신 예수님께서 그리스도인들이 십자가 군병이 되기를 원하신다. 그리스도인은 하나님의 전신갑주로 무장하고 악의 세력을 물리쳐야 하며, 예수 그리스도 안에서 하나님의 말씀을 선포하고 기도하는 것을 통해 사람을 사단의 노예로 삼는 악한 세력에게 도전해야 한다(행 26:18). 또한 머피는 성적 유혹에서 영적으로 승리하려면, 사도 바울의 교훈에 따라 성적 유혹을 피하고, 예수 그리스도 안에서 경건의 자기 훈련을 하는 영적 전쟁의 방법이 최선책이라고 하였다.[376]

에드워드 롬멘이 말하는 영적 전쟁

롬멘은 어둠의 세력에 대한 전면적인 영적 전쟁에 대하여 말하기를, "기독교의 전 역사 속에서 한 부분을 차지하고 있다. 또한 고대 교회는 초자연적인 상대를 현실로 인정하는 축귀 사역자(exorcist)를 사용하여 단호하게 대처하였다"라고 주장하였다.[377] 영적 전쟁은 중세 시대의 선교에 있어서 보통의 형태였으며, 종교개혁 당시는 사단의 세력에 대한 응전으로 중요한 역할을 담당하였다. 이러한 영적 전쟁의 관심은 기독교 전통 가운데 폭넓게 자리 잡고 있었다. 그래서 롬멘은 영적 전쟁에 있어서 성경이 그리스도인에게 어떻게 정의하고 있는지를 물어보아야 한다고 말한다. 특히 하나님 나라의 확장을 위해 영적 전쟁에 대한 주제들을 다루는 것은 매우 중요하다고 언급하였다.[378] 롬멘은 현대의 영적 전쟁에 대하여 최소한 네 가지 관점으로 교회사와 선교역사, 그리고 교회 성장전략과 교회갱신에서 함께 흘러 들어옴으로써 고대와 현대의 복합적인 관심사가 되었다고 보았다. 영적 전쟁은 크게 네 가지 역사적인 통로를 통하여 발전하였다.[379]

첫째, 일반적인 교회 역사가 영적 전쟁에 대해 이야기하였다. 초대교회로부터 현대에 이르기까지 비록 부분적이지만 치유나 귀신을 쫓는 사역이 계속되었다. 우리가 다른 어떤 대안을 가지고 있지 않으면 영적 기도와 능력대결, 그리고 축귀 및 치유에 대한 것들에 사람들이 관심을 가질 수밖에 없다.[380] 이것은 많은 성도가 신앙생활을 하는 데 사단과 직면하고 살아가는 것이 영적 전쟁이라는 현실에서 계속적으로 경험되는 것이다. 이러한 영적 전쟁에 대한 견해는 항상 조심스럽게 검토해야 할 필요성을 갖게 되었다.

둘째, 선교의 역사가 있는 곳에서 영적 전쟁이 진행되었다. 다른 종교 및 문화에 접촉하게 되는 선교사들은 더 심각하게 영적 전쟁의 적들을 만날 수밖에 없었다. 그래서 알렌 티펫은 정령신앙으로부터 기독교로 개종하도록 안전하고 지속적인 영향을 주는 유일한 방법으로 영적 전쟁의 필요성에 큰 관심을 가졌다. 티펫이 이런 용어를 사용하면서부터 선교사와 현장 사역자들은 흔히 현장에서 만나게 되는 사건과 더불어 영적 전쟁의 갈등을 이해하려는 하나의 시도가 되었다.

셋째, 사역에 대한 전략적 관심이 전개되면서 어떤 창조적인 힘과 효과적인 사역의 발전에 도움을 줄 수 있는지에 대한 문제 제기였다. 어떻게 하면 가장 효과적으로 선교의 사명을 완성할 수 있는가? 이러한 문제의 관심과 더불어 최근 교회성장운동에서도 성장에 영향을 줄 수 있는 수단으로 사회과학적 방법을 이용하면서 영적 전쟁의 수단을 강조하기 시작했다. 이것은 효과적인 선교의 사명을 완성하기 위하여 교회성장운동 측면에서 영적 전쟁의 흐름이다. 교회성장전략에 있어서 이적과 기적, 그리고 영적 전쟁을 다루고 있는데 대표적인 인물로 피터 와그너(C. Peter Wagner)를 예로 들수 있다.[381] 결국 전략에 대한 관심의 고조는 어떻게 영적 전쟁의 무기들을 효과적으로 성장을 위해 사용할 수 있는가에 대해 물어보게 되는 것이다.

마지막으로 넷째, 최근에 새로운 운동들이 나타나게 되었다. 이적과 기사를 강조하는 전통적인 오순절 계통의 갱신과 최근의 은사주의 운동을 통해 지속적인 주제가 되었다. 이러한 많은 관심들은 자연스럽게 '이적과 기사 운동'(the Signs and Wonder Movement)에 집중되고 있었다. 이러한 롬멘의 영적 전쟁은 현대화되는 과정에서 포스트모더니즘(Postmodernism)이란 시대적 사조에도 영향을 미치게 되었다. 시대적 변화와 함께 삶의 현장에서 일어나는 영적 전쟁들의 선교적 이해를 위해서 매우 중요한 것이다.

닐 앤더슨이 말하는 영적 전쟁

사단은 두려움, 걱정, 좌절, 속임, 문화적 차이, 반항, 자만, 용서하지 못함, 부도덕, 조상들의 굴레 그리고 여러 가지 죄의 문제를 가지고 그리스도인들의 영적 전쟁의 영역들인 육체와 영적인 것과 정신적인 것을 노린다. 이러한 사단의 능력 때문에 많은 그리스도인이 그의 속임수에 넘어가고 있다.[382] 그러나 오늘날 그리스도인들은 사단이 떠나가기를 바라면서 아예 묵살해 버리거나 존재하지 않는 것처럼 여기고 있다. 사단의 존재를 믿지 않는다고 해서 그가 떠나는 것은 아니다. 그리스도인들이 사단을 내버려 둔다고 해서 사단이 그리스도인들을 내버려 두지는 않는다. 사단은 그리스도인이 그리스도 안에서 주어진 자유를 깨닫고 누리지 못하도록 모든 수단과 방법을 동원하여 속이려고 한다.[383] 그래서 앤더슨은 치유상담을 통해 진리에 대한 영적 각성의 결과 발생하는 악한 영으로부터의 해방을 강조하였다.[384] 사단의 괴롭힘으로 인한 영적 갈등과 고통으로부터의 해방은 어떤 영적 전쟁에 대한 능력 대결(power encounter)이 아니라 진리 대결(truth encounter)이다. 사단에 대한 영적 전쟁은 어떤 능력대결이라는 오해는 바로 사단의 전략이다.[385] 사단의 거짓말은 하나님의 진리 앞에서 위력을 잃게 된다.

앤더슨은 영적 전쟁에서 그리스도인의 할 일을 네 가지로 설명하고 있다.[386] 첫째, 마음을 새롭게 함으로 변화를 받아야 한다(롬 12:2). 하나님의 말씀을 마음에 가득 채워야 한다. 하나님의 진리가 마음속에 가득 차 있으면, 사단의 거짓말을 분별할 수 있어 그것을 물리칠 수 있게 된다. 둘째, 베드로는 합당한 삶을 살 수 있도록 마음을 준비하라고 말한다(벧전 1:13). 무익한 환상을 버리고, 아무것도 하지 않으면서 무엇을 하고 있는 것처럼 착각하는 것은 위험하다. 그러나 진리에 대해 순종하고 있다고 생각하면 그것은 열매를 맺은 생활에 큰 동기부여가 될 수 있다. 셋째, 모든 생각을 사로잡아 예수 그리스도께 복종해야 한다(고후 10:5). 모든 생각을 하나님의 진리에 비추어 생각하고, 사단에게 기회를 주지 말아야 한다. 마지막으로 넷째, 하나님께 돌아가야 한다. 하나님에 대한 헌신이 세상과 육신, 그리고 마귀에게서 오는 생각으로 계속 공격을 받기 때문에 기도하면서 하나님께로 돌아서야 한다(빌 4:6). 그래서 하나님을 인정하게 되고, 생각이 하나님의 진리로 향하게 될 것이다(빌 4:7). 따라서 그리스도인의 영적 생활을 방해하고 영적 성장을 가로막고 있는 사단의 정체를 바르게 인지하는 것은 사단과의 영적 전쟁에서 필수적이다. 그러나 많은 그리스도인과 심지어 사역 중인 지도자들은 많은 부분에서 사단의 정체에 대해 오해를 하고 있다.[387] 사단에 대한 영적 전쟁은 어떤 능력 대결(power encounter)이 아니라 하나님의 말씀인 진리 대결(truth encounter)이라는 사실을 잊지 말아야 할 것이다. 진리 대결은 세상과의 영적 전쟁을 넘어 이념과 정신에 관한 것이다. 거짓 교리와 악한 이데올로기, 그리고 잘못된 신앙은 영적 전쟁의 적이기 때문에 하나님의 진리로 싸워야 한다.[388]

영적 전쟁의 영역들

영적 전쟁은 혈과 육에 속한 것이 아니다. 마귀에게 속아서 탈취 당한 헌법적인 권세에 대한 영적 전쟁이다. 이것은 어두움의 세상 주관자의 세력으로부터 하나님의 형상으로 지음받은 타락한 인간 들을 구원하시고자 하는 사랑이신 하나님의 뜻에 따라서 싸우는 영적 전쟁이다.[389] 그래서 이러한 영적 전쟁의 영역에 있어서 인간 의 몸은 육적인 영역과 영적인 영역, 정신적인 영역으로 구성되어 있는데, 구체적으로 어떤 것인지 살펴보고자 한다.

육적인 영역

인간은 땅 위에 있는 하나님의 피조물 가운데 가장 존귀한 존재 이다. 창세기 1:26에 의하면, 우리의 형상을 따라 우리의 모양대로 우리가 사람을 만들었다고 하였다. 하나님은 흙을 사용하셔서 사 람을 만드시고 그 속에 생령(生靈)을 불어넣으셨다(창 2:7).[390] 인간의 육은 하나님의 창조에 따라서 흙으로 만들어졌다. 이러한 견해들 을 통해 볼 때, 인간의 육은 영과 정신과 같이 목회 현장과 선교 현장에서 선교의 중요한 동시적 주제가 되어야 할 것이다. 영적 전쟁의 영역들에 있어서 사단은 이러한 사람의 육적인 영역을 공격할 수 있다. 첫째, 귀신들은 사람의 육체를 괴롭힐 수 있다. 특히 성경에서 욥의 경우는 전형적인 사례이다. 사단은 인간에게 악한 질병을 가져다주고 있다. 욥기 2:7에 의하면, "사단이 이에 여호와 앞에서 물러가서 욥을 쳐서 그 발바닥에서 정수리까지 악창이 나게 한지라"라고 하였다.

욥은 피부질환으로 고생하면서 기와 조각을 가져다가 몸을 긁었다고 성경은 말씀하고 있다. 물론 욥의 피부병은 병균으로부터 온 것이라고 할 수 있다. 그러나 이러한 병균을 공급하는 것은 사단이다. 욥이 완전히 회개하고 사단이 물러갈 때 그의 피부병이 깨끗이 치유되었다.[391] 예수님께서는 "귀신 들려 벙어리 된 자"를 그의 능력으로 풀어 주시고 벙어리가 말을 하게 되었다(마 9:32-33). 그리고 "귀신 들려 눈멀고 벙어리 된 자"를 고치셔서 그 사람이 말하며 보게 되었고(마 15:29-31, 막 7:31-37), 거라사 지방에서 더러운 군대 귀신에 들려 무덤 사이에서 유랑하고 아무도 통제할 수 없는 막강한 귀신의 능력으로 쇠사슬과 쇠고랑을 깨뜨리며 밤낮 소리를 지르며 돌로 자기 몸을 상하게 하던 자를 말끔히 고쳐 주셨으며(막 5:1-13), 가나안 여인의 귀신 들린 딸을 고쳐 주셨다(마 15:21-28, 막 7:24-30). 그리고 예수님께서는 귀신 들린 소년을 고쳐 주셨다(마 17:14-19, 막 9:14-29, 눅 9:37-45). 또한 사도들도 병든 사람과 더러운 귀신에게 괴로움을 받는 사람을 고치기도 하였다(행 5:12-16). 여기서 육적인 영역에서의 예수님의 치유는 선교 신학적인 분석을 통해 세 가지로 나누어 볼 수 있다. 첫째, 예수님은 자신의 권세와 명령으로 능력을 행하셨다. 둘째, 사도들은 예수 그리스도의 이름으로 능력을 행하였다. 마지막으로 셋째, 하나님께서 성령의 능력을 기름 붓듯 하였으므로 예수님과 사도들은 능력을 행할 수가 있었다(행 10:38).[392] 성경에서 예수님은 육적인 치유 사건을 예언자 이사야를 통해서 하신 말씀의 성취로 해석하셨는데, 마태복음 8:17에 의하면, 예수님은 몸소 우리의 병약함을 떠맡으시고, 우리의 질병을 짊어지심으로써 우리를 치유하신다는 것이다.[393]

영적인 영역

인간의 영은 하나님과의 관계성을 위한 특별한 중심으로 기능한다. 본질적으로 영은 눈에 보이지 않으며, 시간과 공간, 물질의 제한을 받지 않고 죽음을 당하지 않는다. 인간의 영이란 결국 하나님이 흙으로 빚은 몸속에 불어 넣으신 하나님의 영과 일치하는 것으로 나타난다.[394] 그래서 마태복음 16:22에 의하면, 그의 안에 있는 영원히 죽지 않는 영의 실체로 인하여 인간은 천하보다 귀한 존재하고 하였다. 하지만 인간의 영은 동시에 심각한 역기능의 가능성도 가지고 있다.[395]

영적인 영역은 마귀의 공격 터전이 될 수 있다.[396] 첫째, 귀신들은 언제나 그리스도인들의 영적 생활을 파멸시키기 위해 시도를 한다. 예수님께서 공생애를 시작하시고, 40일의 금식을 끝냈을 때 마귀가 시험을 하였다(마 4:1). 아담과 하와를 타락시킨 것같이 성도들의 마음이 예수 그리스도를 향하는 진실과 깨끗함에서 떠나 부패할까 두려워한다고 설명하였다(창 3:1-6, 고후 11:3). 그리고 사도의 선교 여행을 방해하고 가지 못하게 막기도 하였다(살전 2:18). 사도 베드로 또한 "근신하라 깨어라 너희 대적 마귀가 우는 사자같이 두루 다니며 삼킬 자를 찾는다"라고 경고하였다(벧전 5:8). 둘째, 마귀의 공격은 그리스도인 속에 역사하시는 하나님의 성품과 예수 그리스도 안에 있는 그리스도인의 정체성 혹은 위치에 대한 것이다. 예수님의 열두 제자들도 예수님으로부터 사단과 귀신들을 제압할 수 있는 권세를 위임받아 그 권세를 사용하여 기뻐하였다. 그러므로 이러한 권세를 위임받은 선교사는 선교 현장에서 적용해야 할 것이다.

정신적인 영역

인간의 영이 각 개인에게 있어서 영적 특성의 자리라고 한다면, 정신은 인격적 특성들의 자리라는 것이다.[397] 인간의 영이 혼의 자아의식을, 그리고 정신이 몸을 통제하고 다스리는 것이 하나님이 정하신 본연의 창조적 질서이다. 여기서 정신은 영과 몸의 두 차원을 매개하는 중간적 요소로 나타나는데, 이것은 결과적으로 인간

의 구조에 대한 헬라철학의 기본 이해와 일치하는 것이다.[398]

사단은 이러한 정신적인 영역과 정서적인 영역에 공격한다. 이것은 사람의 마음속에 일어나는 영적 전쟁을 말한다(엡 6:12). 마귀는 과거의 범죄한 정서적 경험을 토대로 멍에(bondage)로 삼아 공격의 근거로 삼는다. 그래서 오늘날 많은 그리스도인이 죄를 용서받고 난 뒤에도 여전히 과거의 죄의식 속에서 괴로워하는 사람들이 많다. 이런 행동은 하나님 약속의 말씀을 불신하는 죄의 행위가 되고, 또한 그 멍에를 이용하여 다른 범죄로 발전시켜 나가게 한다. 사단은 치유상담자라고 할 수 있는 목회자와 선교사, 평신도들이 그들의 사역을 수행하지 못하도록 모든 방법을 사용할 것이다. 특히 선교 현장의 주민들이 분명히 사단의 소행으로 인식하는 영적 전쟁에서 치유상담자가 어찌할 줄 모를 때 아무리 그 타격이 없다 하더라도 복음 전파에 방해가 되는 것은 분명하다. 그러나 치유상담자들이 영적 전쟁에서 이기지 못할 때, 사람들은 귀신들의 능력이 치유상담자가 섬기는 예수 그리스도의 능력보다 더 큰 것으로 생각한다.[399] 이러한 영적 전쟁의 도전 앞에서 치유상담자들은 예수 그리스도를 믿음으로 말미암아 싸워 이김으로써 복음을 강하게 증거 하도록 해야 할 것이다.

...

　결론적으로, 치유 상담을 위한 영적 전쟁에 대하여 살펴보았다. 치유 상담에 있어서 영적 전쟁이란 치유상담자와 내담자가 하나님의 뜻을 이루어드리는 삶을 사는 데 방해가 되는 적들과의 싸움을 의미한다. 다시 말하면, 이것은 치유상담자와 내담자가 영적인 성장과 성숙을 방해하는 것으로 인간의 육신과 세상, 사탄과의 싸움을 나타내는 것이다. 영적 전쟁의 관점에서 치유 상담은 에덴동산의 맨 처음 창조 이상의 회복이요, 구약성경에 나타나는 하나님과의 평화의 실현이며, 신약성경에서 예수 그리스도의 십자가 화해 사상의 구현이다.[400] 이러한 전인적인 치유의 사건은 오늘날 영적 전쟁이 치열한 목회 현장과 선교 현장에서는 얼마든지 일어날 수 있다. 영적 전쟁에서 치유의 역사가 있는 곳에서는 하나님 나라의 복음이 더욱더 효과적으로 전파되며, 그리스도의 머리인 교회는 초대교회처럼 날마다 성장할 것이다. 최후의 승리를 바라보는 교회는 요한복음 14:6에서 말씀하신 것처럼 길이요 진리요 생명 되신 주님이 오시는 그날까지 계속해서 모든 민족에게 하나님 나라를 선포하고 많은 사람에게 하나님 나라로 초대해야 할 것이다.

6장 치유 상담을 위한 중보기도의 역할

현대사회는 과거보다 내담자의 삶 속에 죄악이 더 팽배해지고 있다. 이것을 이길 수 있는 하나님의 능력은 과거보다 더 많이 요청되는 시기이다. 이러한 때, 치유상담자의 중보기도는 내담자를 위한 가장 구체적인 이웃 사랑의 실천의 장이요, 하나님 나라 사역의 가장 권세 있는 방편이 되기 때문이다. 20세기 독일의 유명한 신학자였던 디트리히 본회퍼(Dietrich Bonhoeffer, 1906~1945)는 중보기도에 대하여 말하기를, "개인과 공동체가 날마다 스스로 정화하기 위하여 반드시 해야 하는 목욕과 같은 것이다"라고 하였다.[401] 이처럼 치유상담자는 잃어버린 영혼의 구원 대상자라고 할 수 있는 내담자들을 위해 간절히 중보기도를 감당해야 할 것이다. 따라서 치유 상담에 있어서 중보기도가 얼마나 중요한지를 알아보고, 특히 내담자를 위한 치유상담자의 중보기도 역할에 대하여 살펴보고 한다.

중보기도란 무엇인가?

중보기도의 필요성

사실 사단의 공격을 전혀 받지 않는 치유상담자는 한 사람도 없다. 예외 없이 치유상담자는 육적인 영역과 영적인 영역, 정신적인 영역에서 집중적으로 공격을 당하고 있다. 치유상담자가 나가 있는 삶의 현장에는 대부분 사단이 강력하게 역사하고 있다. 이를테면 내담자가 행하는 여러 종교행사와 관습들, 생활양식 등을 통해서 역사한다.[402] 이러한 사단의 세력들은 내담자를 참으로 비참하게 만들고, 불행하게 살다가 죽어서 영원히 고통스러운 지옥에 떨어지도록 역사하고 있다. 사단은 복음을 전하는 치유상담자에게 여러 형태로 공격을 가하고 있다. 특히 치유상담자와 그의 가족들의 건강을 공격하고 치유상담자의 치유 상담의 사역이 확장되지 못하도록 선교의 문을 닫고 과거로 돌아가도록 강력하게 역사하는 것이다.[403]

안타까운 것은 후원하는 내담자의 중보기도(intercession prayer)로 영적인 보호를 받지 못하는 많은 치유상담자는 악한 영들이나 이단과 무속인, 그리고 악한 영들의 심한 영적인 공격으로 육과 영과 혼이 공격을 당해 심한 고통과 어려움을 겪고 공동체로부터 철수할 수밖에 없는 상황들이 많이 있다.[404] 그래서 치유상담자는 혈과 육에 대한 것이 아니라 공중 권세 잡은 자들과의 싸움이요, 보이지 않는 영들과의 영적인 싸움이다. 그러므로 치유상담자는 치유 공동체인 교회가 서로 협력하여 영적인 능력을 형성해 밀고 나가면 승리할 수 있다.[405] 이것이 바로 중보기도이다. 중보기도란 하나님 앞에 어떤 사람을 대신해 내가 나아가는 것을 의미한다. 그래서 치유 상담 사역에서 기쁨으로 승리하려면 반드시 중보기도를 해야 할 것이다.

중보기도의 중요성

치유 상담에서 중보기도의 중요성을 다섯 가지로 살펴보면 다음과 같다.[406] 첫째, 중보기도는 치유상담자의 특권이자 의무이다. 중보기도가 치유상담자의 특권이 되는 것은 전능하신 하나님의 손을 움직일 수 있기 때문이다. 둘째, 하나님께서는 중보기도 하는 치유상담자를 찾으신다. 하나님은 그 계획하신 일을 진행하실 때, 중보기도 하는 치유상담자를 찾으실 뿐만 아니라 중보기도 하는 치유상담자를 통해서 일하신다. 기도의 사람이었던 이 엠 바운즈(E. M. Bounds, 1835~1913)는 중보기도에 대하여 말하기를, "교회는 더 좋은 계획과 방법을 추구하지만 하나님은 더 좋은 사람을 찾으신다. 성령의 역사는 어떤 방법이 아니라 기도의 사람을 통해 이루어진다"라고 하였다.[407] 셋째, 중보기도는 최고의 치유상담자이셨던 예수님이 강조하셨고, 직접 본을 보이셨다. 넷째, 중보기도는 기적과 문제 응답을 가져오는 열쇠이다. 마지막으로 다섯째, 중보기도는 교회 성장을 가져다준다.

이처럼 중보기도는 사단을 대적하고 목회 현장인 교회를 부흥시키는 힘의 원동력이 된다. 아울러 선교 현장에서도 한국교회의 지속적인 중보기도가 요구된다. 예수님은 겟세마네 동산에서 중보기도로 영적인 싸움을 한 것을 볼 수 있다. 이러한 성경적 사례는 영적 전쟁을 위한 교과서이기도 하지만 하나님께서 중보기도 하는 치유상담자를 어떻게 사용하시는지를 보여 주는 사례이기도 하다. 출애굽기 17장에 의하면, 여호수아가 아말렉 사람들을 물리친 르비딤의 전쟁의 기록이 나온다. 여호수아는 르비딤 전투를 승리로 이끈 위대한 장군으로 전쟁사에서 그 이름이 기억되고 있다. 그것은 여호수아가 군대를 이끌고 싸우는 동안 치유상담자라고 할 수 있는 모세가 산에 올라가서 여호수아를 위하여 중보기도 하는 것이었다. 언덕 아래를 내려다보며 모세가 손을 들고 기도하면 여호수아가 이기고, 반대로 손을 내리면 여호수아가 밀리는 일이 일어났다. 모세는 계속 손을 올려야 했고 이를 위해 아론과 훌이 모세의 손을 계속 지탱해 주었다.[408] 출애굽기 17:8-13에 의하면, 그 결과 여호수아는 전쟁에서 이길 수 있었으며, 모세가 기도하는 동안 싸웠다.

"그 때에 아말렉이 와서 이스라엘과 르비딤에서 싸우니라 모세가 여호수아에게 이르되 우리를 위하여 사람들을 택하여 나가서 아말렉과 싸우라 내일 내가 하나님의 지팡이를 손에 잡고 산 꼭대기에 서리라 여호수아가 모세의 말대로 행하여 아말렉과 싸우고 모세와 아론과 훌은 산 꼭대기에 올라가서 모세가 손을 들면 이스라엘이 이기고 손을 내리면 아말렉이 이기더니 모세의 팔이 피곤하매 그들이 돌을 가져다가 모세의 아래에 놓아 그가 그 위에 앉게 하고 아론과 훌이 한 사람은 이쪽에서, 한 사람은 저쪽에서 모세의 손을 붙들어 올렸더니 그 손이 해가 지도록 내려오지 아니한지라 여호수아가 칼날로 아말렉과 그 백성을 쳐서 무찌르니라"(출 17:8-13)

물론 여호수아가 전쟁에서 이겼지만 실제로는 하나님의 능력이었다. 그러나 하나님의 능력을 받은 통로는 장군인 여호수아가 아니라 치유상담자인 모세의 중보기도를 통해서 하나님은 일하신 것이다. 미국 오번신학교(Auburn Theological Seminary)의 성서신학 교수 월터 윙크(Walter Wink)는 중보기도의 중요성에 대하여 말하기를, "역사는 중보자에게 달려 있다"라고 하였다.[409] 이처럼 하나님은 치유상담자의 중보기도를 통해 하나님의 사랑을 받고, 하나님의 능력이 나타남으로써 하나님의 선한 역사가 일어나는 것이다. 존 웨슬리(John Wesley)는 중보기도에 대하여 말하기를, "믿음의 기도에 대한 응답 없이 이 세상에서 하나님이 행하시는 것은 아무것도 없다"라고 하였다.[410] 종교개혁자 존 칼빈(John Calvin)은 그의 책『기독교 강요』(Institutes of the Christian Religion)에서 중보기도에 대하여 말하기를, "기도가 얼마나 필요한지는 말로 설명할 수 없다. 그리고 하나님의 섭리는 인간의 믿음을 배제하지 않는다. 이스라엘 하나님은 졸지도 주무시지도 않으신다. 그러나 하나님은 우리가 게으르고 나태하면 마치 우리를 잊으신 것처럼 잠잠하실 것이다"라고 하였다.[411] 이러한 중보기도는 전능하신 하나님이 세상을 움직이시고 그리스도인과 관계를 형성하시는 하나님의 방법이다.

오순절 교단 중 하나인 국제 포스퀘어 가스펠교회(Foursquare Gospel Church)의 담임목사 잭 헤이포드(Jack W. Hayford)는 중보기도에 대하여 말하기를, "하나님의 선하심이 우리 가운데 나타나실 것인지, 아니면 죄와 사단의 능력이 허락되어 우리 가운데 거할 것인지에 대한 선택은 우리에게 달려 있다. 그것을 결정하는 요소는 우리의 기도인 것이다"라고 하였다.[412] 그래서 요한복음 17장에 의하면, 중보기도가 필요한 제자들을 위해 예수님은 제자들과 하나님 사이에 중보하시는 치유상담자로서 사랑의 마음을 표현하고 있다. 예수님은 오늘도 계속해서 치유상담자와 내담자를 위해 중보기도를 해 주신다. 이렇게 예수님이 중보기도를 하셨기 때문에 치유상담자도 중보기도의 인생을 살아야 한다. 히브리서 7:25에 의하면, 치유 상담을 위한 중보기도 사역은 치유상담자가 혼자 감당하는 것이 아니다. 미약한 중보기도는 영원한 치유상담자 되시는 예수님에 의해 뒷받침되고 힘을 공급받아야 한다.[413] 하지만 치유상담자라고 할 수 있는 목회자와 선교사는 사역의 현장에서 사단과 싸우기 때문에 더욱 강력한 공격을 받게 된다. 이러한 현장에서 치유상담자의 중보기도는 하나님의 강력한 방패 역할을 하게 한다. 그래서 치유상담자의 중보기도는 예수님의 중보 사역에서 출발한다. 예수님은 치유상담자가 드리는 중보기도를 효과가 있도록 보장하시기 때문이다. 예수님은 치유상담자가 기도할 수 있도록 중보하신다. 이것이 바로 예수 그리스도의 이름으로 중보기도 하는 의미이다. 이처럼 예수님의 중보기도 사역이 없다면 치유상담자의 중보기도는 무의한 것이다.[414]

중보기도의 능력

치유 상담에 있어 중보기도는 곧 능력이다. 치유상담자를 통한 중보기도는 사람을 변화시키는 능력 그 자체이다. 그래서 하나님은 치유상담자의 중보기도를 통해 불가능을 가능으로 바꾸신다.[415] 또한 하나님은 치유상담자의 중보기도를 통해 하나님의 나라를 확장해 나가신다. 골로새서 4:2-4에 의하면, 치유 상담의 대가인 사도 바울은 치유 공동체인 교회에게 자신을 위해 중보기도를 해 달라고 요청하고 있다.

> "기도를 계속하고 기도에 감사함으로 깨어 있으라 또한 우리를 위하여 기도하되 하나님이 전도할 문을 우리에게 열어 주사 그리스도의 비밀을 말하게 하시기를 구하라 내가 이 일 때문에 매임을 당하였노라 그리하면 내가 마땅히 할 말로써 이 비밀을 나타내리라"(골 4:2-4)

여기서 치유 상담에 있어 중보기도는 매우 중요한 것임을 단적으로 말해 준다. 사도 바울은 심었고, 아볼로는 물을 주었지만 자라게 하시는 분은 하나님이셨다. 이처럼 하나님은 주의 백성인 치유상담자뿐만 아니라 내담자의 중보기도를 통해 치유공동체를 성장하도록 하셨다.[416] 또한 치유상담자가 내담자를 위해 간절히 중보기도를 할 때, 하나님은 다음과 같이 일하신다.[417] 첫째, 치유상담자에게 전도할 문을 열어 주신다. 둘째, 사단의 공격으로부터 내담자를 보호하신다. 셋째, 천사를 동원하여 사단의 세력을 공격하신다. 넷째, 치유상담자가 능력 있게 사역을 할 수 있게 된다. 다섯째, 사단의 견고한 진과 사단의 궤계가 무너진다. 여섯째, 불신의 내담자에 대한 사단의 영향력이 약화 된다. 마지막으로 일곱째, 불신 내담자의 영적인 눈이 열리고 복음을 깨닫게 된다. 일반적으로 세계 곳곳에 흩어져 있는 많은 기독교 교회들이 병든 자를 위해 치유상담자가 중보기도를 하여 기적의 치유들을 본다. 그래서 많은 사람이 그리스도께서 자기 육과 영과 혼을 고치시는 것을 경험하였기 때문에 하나님을 따르기로 결정한다.[418] 세계 도처의 교회에서 발견된 이러한 치유 상담 사역은 이 전례 없는 전도와 교회 성장의 결과가 아닌 요인 가운데 하나가 되었다. 이것은 예수님께서 제자들에게 하나님 나라를 전파하라고 내보내셨을 때, 이들 메시지의 일부는 문자적으로 하나님께서 병든 자를 고치는 능력을 가졌음을 분명하게 확증하는 것이었다.[419]

성경은 분명히 치유 상담 사역이 예수님의 삶을 통해 실제로 정당화하였다. 이것은 예수님께서 치유상담자라 할 수 있는 사도들을 무장시켜서 동일한 일을 행하도록 파송하신 이유이다. 요한복음을 기록했던 요한은 수십 년 후에 예수님의 일곱 가지 기적을 중심으로 하여 전체적인 책을 구성하였다. 그러한 기적에 대한 내용들은 물을 포도주로 변화시키는 기적, 소년을 치유하는 기적, 앉은뱅이를 치유하는 기적, 오병이어의 기적, 물 위를 걷는 기적, 소경을 치유하는 기적, 죽은 자를 치유하는 기적 등 치유에 대한 것이다.[420] 요한복음 20:30에 의하면, "예수께서 기타 많은 표적들을 행하셨다"라고 하였다. 중보자 되시는 예수님의 치유 기적의 사건들은 효과적이고 결실 있는 전도의 길을 열어 놓은 것이다.

내담자를 위한 중보기도

치유상담자는 변함없이 어제나 오늘이나 영원토록 동일하신 치유하시는 하나님을 섬긴다. 그런 치유상담자는 나라와 교회, 지도자들만을 위해 기도할 뿐만 아니라 함께하는 내담자를 위해서도 기도한다. 치유상담자는 내담자를 위해 다음과 같이 중보기도 해야 한다. 첫째, 하나님께서 내담자에게 기적의 손길로 간섭하시도록 기도해야 한다. 둘째, 하나님께서 내담자의 삶을 통하여 크게 영광 받으시도록 기도해야 한다. 셋째, 하나님께서 내담자의 시련을 통하여 무엇을 말씀하시는지 깨닫도록 기도해야 한다. 넷째, 내담자를 향한 하나님의 사랑이 가득 차도록 기도해야 한다. 다섯째, 내담자가 고통과 시련 가운데서도 하나님의 성품에 대한 믿음을 잃지 않도록 기도해야 한다. 여섯째, 내담자가 시련 가운데서도 하나님께 예배하고 찬양하는 삶을 살도록 기도해야 한다. 일곱째, 내담자가 어려울수록 더욱 하나님의 말씀을 읽도록 기도해야 한다. 여덟째, 하나님께서 내담자의 가장 중요한 필요를 채우도록 기도해야 한다. 아홉째, 내담자가 믿음으로 끝까지 견디도록 기도해야 한다. 마지막으로 열째, 내담자가 하나님의 사랑을 전하도록 기도해야 한다.[421] 그래서 누가복음 22:32에 의하면, 치유상담자이신 예수님도 내담자인 제자 베드로가 사탄의 공격을 받을 때, 믿음이 떨어지지 않도록 기도하셨다.

"그러나 내가 너를 위하여 네 믿음이 떨어지지 않기를 기도하였노니 너는 돌이킨 후에 네 형제를 굳게 하라"(눅 22:32)

치유상담자는 예수님을 본받아서 내담자를 위해 중보기도 해야 한다. 예수님이 중보기도의 사역을 하였기 때문에 치유상담자가 예수 그리스도의 이름으로 내담자의 전인적인 치유의 필요를 위해 중보기도 할 때 성령께서 함께하도록 도와주실 것이다.

육적인 치유를 위한 중보기도

영지주의자나 금욕주의자는 육체를 죄의 고기 덩어리와 영혼을 억압하는 감옥이라고 말한다. 그러나 하나님은 창조하신 모든 것을 보시고 선하고 아름답게 보셨고, 사람을 만들어 놓고 매우 기뻐하셨다. 만약 육체가 좋지 않아 다른 방법으로 쓰시도록 사람을 만들어 놓았다고 한다면 하나님은 기뻐하지 않으셨을 것이다.[422] 사람은 이 땅에서 살아가기 위해서 육체적인 건강이 매우 중요하다. 고린도전서 6:13-15에 의하면, 육체가 건강해야 하나님을 기쁘게 하는 일도 할 수 있다고 말한다.

> "음식은 배를 위하여 있고 배는 음식을 위하여 있으나 하나님은 이것 저것을 다 폐하시리라 몸은 음란을 위하여 있지 않고 오직 주를 위하여 있으며 주는 몸을 위하여 계시느니라 하나님이 주를 다시 살리셨고 또한 그의 권능으로 우리를 다시 살리시리라 너희 몸이 그리스도의 지체인 줄을 알지 못하느냐 내가 그리스도의 지체를 가지고 창녀의 지체를 만들겠느냐 결코 그럴 수 없느니라"(고전 6:13-15)

그래서 치유상담자는 내담자가 보다 건강하고 성결한 몸의 건강을 유지하는 데 있어서 힘쓰고, 질병에 걸렸을 때는 즉각 중보기도하여 치유를 받게 해야 할 것이다.[423] 고린도전서 3:16-17에 의하면, 하나님은 사람의 육체를 흙으로 만드시고 코에 생기를 불어 넣어서 살아 있는 영이 되게 하셨다. 이러한 사랑의 육체는 성령이 거할 때 온전한 성령의 전이 된다. 따라서 치유상담자는 내담자의 육체적인 건강과 안정, 가족을 위해 중보기도 해 주어야 할 것이다.

영적인 치유를 위한 중보기도

치유상담자는 내담자의 영적인 건강을 위해서 중보기도를 해야 한다. 그것은 하나님과의 관계가 더욱 친밀하도록, 하나님의 마음과 뜻을 잘 파악하는 가운데 사역하도록, 하나님의 능력에 대해 철저히 신뢰하도록, 말씀에 대한 깊은 묵상을 누리도록 영적인 치유를 위한 중보기도를 말한다.[424]

정신적인 치유를 위한 중보기도

정신적인 질병에는 뇌의 질병과 사회로부터의 분리, 정서적인 요인들과 귀신 들림에 의한 성격 파탄이나 정서적 불안 등이 있다.[425] 예수님의 치유 상담을 살펴보면, 이 범주에 속한 질병의 치유로 철저하고 매우 적극적이셨다.[426] 따라서 치유상담자는 내담자가 하나님의 사랑과 비전에 대한 견고한 확신을 위해서 예수 그리스도께서 함께하심과 하나님의 평강과 은혜가 늘 마음에 충만하도록 중보기도 해야 한다.[427] 인간은 세 가지 영역의 특성이 결합한 존재이기 때문에 치유상담자는 육체적인 질병인지, 영적인 질병인지, 아니면 정신적인 질병인지 분명히 분별해서 바른 치유 상담을 통해서 중보기도를 해야 한다. 인간은 하나님의 형상을 닮은 영적인 존재요, 하나님과 관계적인 존재이기 때문에 총체적인 치유 상담과 중보기도의 자세가 필요할 것이다.[428]

치유상담자의 위치

중보기도는 치유상담자에게 매우 중요한 위치를 차지한다. 치유상담자와 내담자의 사이에 가장 중요한 교제는 중보기도로 일방적인 기도가 아니다. 내담자의 정보를 가지고 치유상담자가 하나님께 나아가지만 결국 모든 것을 하나님께 드리고 하나님의 뜻을 구하고 중보기도 하는 것이다.[429] 그러므로 치유상담자는 중보기도를 통하여 주님이 바라보시는 관점으로 주님을 바라보고 있는 마음을 가지고 주님과 함께 높은 성벽 위에 올라가는 것이다. 그래서 치유상담자의 중보기도는 인내와 끈기, 자신과의 싸움이 필요하다.[430]

중보기도 하는 치유상담자는 내담자보다 멀리 보게 되며, 하나님은 치유상담자의 중보기도를 통해 자신의 뜻을 보여 주시는 것이다. 그것이 바로 하나님께서 치유상담자에게 주시는 내담자에 대한 비전이다. 치유상담자는 세계 비전(world vision)을 품어야 한다. 그러한 세계 비전이란 전 세계를 그리스도의 복음을 품는 믿음을 말한다. 성경을 보면, 세계를 의미하는 '모든 나라'라는 단어가 수백 번 나타난다. 역대상 16:31에 의하면, "하늘은 기뻐하고 땅은 즐거워하며 모든 나라 중에서는 이르기를 여호와께서 통치하신다 할지로다"라고 하였다. 시편 67:1-2에 의하면, "하나님은 우리에게 은혜를 베푸사 복을 주시고 그의 얼굴 빛을 우리에게 비추사 주의 도를 땅 위에, 주의 구원을 모든 나라에게 알리소서"라고 하였다. 치유상담자가 이러한 세계 비전을 이루는 것은 바로 모든 나라를 위한 중보기도와 지상명령에의 순종, 그리고 물질을 나누는 일로, 즉 기도와 전도와 구제다.[431] 만일 치유 상담이 기독교적이라고 최대한 효율적인 방향으로 가려면, 치유상담자는 성령의 인도와 능력을 받고, 성경의 통찰력과 지속적인 기도와 훈련으로 매일 매일 힘을 얻는 종이 되어야 할 것이다.[432]

치유상담자 자신을 위한 기도

치유상담자는 항상 내담자를 위해서만 기도하는 것이 아니다. 중보자인 치유상담자 자신을 위해서도 기도해야 한다. 치유 상담에 있어 사탄이 가장 먼저 공격하는 대상은 치유상담자인 목회자와 같은 지도자이며, 그다음에는 그를 위해 기도하는 내담자일 것이다. 그래서 중보기도자인 치유상담자는 자신을 위한 기도에도 깊은 관심을 가져야 할 것이다. 따라서 치유상담자가 자신을 살피는 기도 제목들은 무엇인지 아홉 가지로 살펴보면 다음과 같다.[433]

첫째, 자신의 죄를 제거해 달라고 기도해야 한다. 시편 66:18에 의하면, 마음에 죄악을 품으면 하나님이 듣지 않으신다고 말한다. 죄는 하나님과 치유상담자 사이를 가로막는 막힌 담이다(사 59:1-2). 하나님은 죄인의 기도는 막으시지만 의인의 기도는 반드시 들으시고 응답하신다(벧전 3:12). 따라서 치유상담자는 자신의 죄와 취약한 부분이 무엇인지 기도하는 중에 기록하고 하나씩 자백하며 기도로 해결해야 한다. 둘째, 자신이 성결한 삶을 살도록 기도해야 한다. 치유상담자는 하나님과 내담자들과 솔직하며 투명한 관계를 유지하는 것은 매우 중요하다. 야고보서 5:16에 의하면, 정직한 기도는 치유가 따르며 역사가 일어난다고 말한다. 하지만 속이고 거짓말하는 관계를 가진 치유상담자는 내담자를 위한 사명을 감당할 수 없다. 특히 부부 관계가 막히지 않고 서로 사랑하고 존경하며 귀하게 여기는 거룩한 삶의 자세가 필요할 것이다(벧전 3:7). 셋째, 자신이 하나님께 순종하도록 기도해야 한다. 기도하는 것과 순종하는 것은 배의 양쪽 노와 같은 것으로 함께 저어야 배가 나갈 수 있는 것이다. 넷째, 자신이 항상 예수 그리스도 안에 거하도록 기도해야 한다. 요한복음 15:7에 의하면, 예수 그리스도 안에 거한다는 것은 두 가지로 의미하는데, 그것은 말씀으로 충만하고 성령으로 충만한 상태를 말한다. 다섯째, 자신이 믿음을 가지도록 기도해야 한다. 히브리서 11:6에 의하면, 믿음이 없이는 하나님을 기쁘시게 하지 못한다. 여섯째, 자신의 올바른 동기를 가지도록 기도해야 한다. 야보고서 4:23에 의하면, 구하여도 받지 못하는 이유는 정욕으로 쓰려고 잘못 구하기 때문이다. 일곱째, 자신이 하나님의 뜻에 따라 구하도록 기도해야 한다. 요한일서 5:14-15에 의하면, 자신의 뜻을 꺾고, 하나님의 뜻을 구할수록 하나님께서 들으실 것이다. 여덟째, 자신이 포기하지 않도록 기도해야 한다. 마태복음 7:7-8에 의하면, 기도는 구하고 찾고 드리는 자에게 주신다. 아홉째, 자신의 우상을 제거하도록 기도해야 한다. 우상숭배는 하나님이 가장 싫어하시는 것이다.

따라서 중보기도자인 치유상담자는 투명한 관계성, 순종, 성령의 충만, 믿음, 동기, 하나님의 뜻, 끈기, 우상 타파 등 이러한 아홉까지 기도 제목을 반드시 갖추어야 할 것이다. 치유상담자가 중보기도를 함으로써 내담자는 어떤 결과가 나타나는가? 첫째, 하나님이 누구신지를 깨닫게 된다.[434] 둘째, 인간의 본래적 영성을 깨닫게 된다. 마지막으로 셋째, 인간이 하나님과 관계를 맺고 있는 것이 결국 고통이나 상해로 인해 깨어지지 않는다는 것을 깨닫게 된다. 사람은 육과 영과 혼을 가지고 있다. 그래서 내담자를 위한 중보기도는 육과 정신을 치유할 뿐만 아니라 영도 고조시키는 것으로 나타난다.[435]

...

결론적으로, 치유 상담을 위한 중보기도의 역할에 대하여 살펴보았다. 치유상담자는 성령의 역사를 도와 쓰임 받는 도구로서 예수님의 선교 명령(missionary mandate)을 재림 때까지 감당해야 한다. 예수님은 제자들을 복음 전하는 치유상담자로 파송하며 중보기도의 능력과 치유의 은사를 주셨듯이 오늘날에도 선교사역 가운데 치유상담자를 지원하신다. 그래서 치유상담자는 치유의 도구로 사용되는 중보기도를 개인기도, 합심기도, 금식기도, 새벽기도, 철야기도, 작정기도, 묵상기도 등을 통해 치유상담자나 기도하는 자들에게 상황과 필요, 하나님의 원하심에 따른 바른 중보기도를 선택할 필요가 있다.[436] 특히 치유 공동체인 교회는 각종 예배 중에 치유상담자와 모든 성도의 합심기도와 통성기도, 예배 후 개인기도와 기도팀에 의한 기도 등을 통해 중보기도를 계획하고 실천해야 할 것이다.

7장 치유 상담에서의 성령의 역할

현대 기독교 치유 상담은 일반상담과 구별이 모호해진 상태이다. 그것은 일반상담의 경우, 특히 성령이 은혜의 방편을 통해 역사하신다는 사실을 인정하지 않는다. 하지만 이것을 인정하지 않으면 그것은 올바른 성경적 치유 상담이라고 할 수 없다.[437] 치유 상담에서 성령은 필요한 모든 지혜를 공급하시는 근원이라는 사실이다. 이러한 사실에 대해 전혀 거론하지 않으면 일반상담과의 차별을 거부하는 것이며, 성경적인 치유 상담이라고 하기 어렵다. 물론 사람들에게 성령에 대해 매우 애매하고 이해하기 어려운 존재처럼 보일 수 있다.[438]

그래서 치유상담자는 성령에 대한 신학적 이해나 해석에 대해 성령이 삼위일체(三位一體) 하나님으로서 그 어떤 신학적 이해나 주장에 따라 바뀌지거나 달리 해석할 수 없는 하나님이심을 분명히 해야 한다.[439] 치유 상담의 궁극적인 목표는 내담자의 효과적인 변화에 있기에 성경적 치유 상담에서 성령이 개입되지 않는 변화에 대해 의미가 없다는 입장을 가져야 할 것이다.[440] 물론 일반상담에서는 절대적으로 성령의 역할에 대해 인정하기 어려우나 기독교에서는 성령이 떠난 치유 상담은 유익된 상담이라고 볼 수 없다.[441] 따라서 치유 상담의 주체이신 성령에 대한 이해, 그리고 성령이 내담자와 치유상담자에게 어떤 역할을 하는지에 대하여 살펴보고자 한다.

치유 상담의 주체이신 성령에 대한 이해

구약성경이 말하는 성령의 역할

무엇보다도 '성령은 하나님이시다'라는 진리이다. 삼위일체(三位一體) 하나님의 관점에서 성령은 성부와 성자와 함께 삼위 하나님이시다. 미국 덴버신학교(Denver Seminary) 조직신학 교수 정성욱은 삼위일체이신 성령에 대하여 말하기를, "하나님의 세 번째 위격(the Third Person of the Trinity)이신 성령은 아버지와 아들과 더불어 동일한 신적 본질을 가지신 하나님이심을 분명하게 확증해 준다"라고 하였다.[442] 이렇게 성령과 하나님을 동일시하는 증언들은 구약성경 곳곳에서 언급되고 있다.

구약성경은 성령, 또는 하나님의 영을 히브리어로 '루아흐'(רוח, Holy Spirit)라고 말한다. 구약성경에서 하나님의 영을 의미하는 '루아흐'가 히브리어로 378회 나온다.[443] 그 뜻에 따라 구약성경에서 분류해 보면 다음과 같다.[444] 첫째, 바람과 폭풍으로서의 '루아흐'다. 이것은 113회 나오는데 자연적인 바람과 폭풍을 의미한다. 둘째, 인간의 '루아흐'다. 이것은 129회 나오는데, 인간의 생명력, 숨, 깨달음과 감정의 자리를 의미한다. 마지막으로 셋째, 하나님의 '루아흐'다. 이것은 136회 나오는데 하나님의 입김, 즉 영을 의미한다. 따라서 구약성경에서 하나님의 '루아흐'는 하나님의 활동력으로 나타난다. 이러한 성령의 역할은 그 호칭에서 잘 나타나고 있는 것처럼 하나님의 사역에 참여하게 하며, 완성 시키시는 분이시다.[445] 이를 통해서 치유상담자의 정체성과 역할에 대하여 유추해 볼 수 있다.[446] 그것은 하나님은 치유상담자들 가운데 거하시고 성령의 능력으로 그들에게 자신을 나타내신다는 것이 바로 하나님의 영광이다.

신약성경이 말하는 성령의 역할

신약성경은 성령을 헬라어로 '프뉴마'(πνεύμα)라고 부른다. '프뉴마'는 신약성경에서 총 261회로 기록하고 있는데, 사복음서에서 56회, 사도행전에서 57회, 바울서신에서 103회, 그 외에 서신에서는 36회가 나타난다.[447] 특히 성령의 다양한 호칭들 가운데 요한복음 14:16에서 사용된 '보혜사'(παρακλετος)[448]는 치유 상담적 역할에 대해 잘 묘사해 주고 있다. 일반적으로 '보혜사'(Parakletos)는 '돕는 자'(Helper), '변호자'(Advocate), '중재자'(Intercessor), '상담자'(Counselor), '위로자'(Comforter) 등 여러 가지 뜻을 가지고 있다.[449] 여기서 특히 상담자라는 용어는 충고하거나 조언해 주는 사람을 의미한다. 이것은 21세기의 공식적인 치유 상담과 연결지어 생각하는 상담보다 더 포용력이 큰 용어이다.[450]

이렇게 보면, 구약성경에서는 성령이 특별한 사람들에게만 임하여(upon) 역사했지만, 신약성경에서는 성령이 모든 믿는 자들에게 임하여 그 속에(in) 내주하며(indwelling) 도와주신다.[451] 이처럼 보혜사는 치유 상담과 매우 밀접한 관계를 가지고 있는 단어임을 알 수 있다. 성경에서의 성령의 역할은 매우 다양하지만 주요한 역할 가운데 치유 상담적인 기능을 무시할 수 없는 것은 보혜사에 이미 잘 나타나 있다.[452] 그래서 성령의 역할은 인간의 영적인 영역에서만 제한하면 안 될 것이다. 그것은 예수님께서 성령의 능력으로 귀신을 추방하시고, 병자를 고치시고, 귀신에게 사로잡힌 자들에게 건강한 육체와 정신을 돌려주셨기 때문이다.[453] 성령은 하나님이시며, 동시에 인격적인 존재로서 인지적, 감성적, 의지적 성향을 가지고 계신다. 성경에 나타난 성령의 역사를 보면, 성령이 나타난 곳마다 사람들은 인격적인 변화를 체험했을 뿐만 아니라 치유 상담자와 내담자에게 있어 성령이 인간의 사고와 행동 변화의 원동력임을 인식할 수 있다. 하지만 성령에 대한 인식은 중요하지만 성령의 임재 당시에 느끼는 인식이 없어도 성령은 역사하신다는 사실을 알아야 한다.[454] 이러한 치유 상담의 주체가 되시는 성령은 그리스도인들이 그리스도의 장성한 분량에 이르게 하므로 문제를 극복하도록 도와주신다.[455] 하나님의 성령은 그분의 능력으로 역사하시는 곳마다 하나님의 치유가 일어나는 것이다.

이런 맥락과 관점에서 치유 상담을 이해하고 치유 상담 사역을 신학적으로 바르게 자리매김해야 한다. 성령은 치유를 행하시는 치유의 영이시다. 그러나 성령에 의한 치유 상담은 결코 성령 자신을 높이거나, 치유 상담 사역을 행하는 사람을 높이고 증언하기 위한 것이 아니라, 인간을 치유하기 위해 십자가에 못 박혀 죽으시고, 부활하셔서 장차 영광중에 다시 오실 예수 그리스도를 증언하고, 예수 그리스도께 영광이 돌아가게 하기 위한 것임을 바르게 알아야 할 것이다.[456]

치유 상담에서 성령의 역할

성령은 치유상담자가 되신다. 성령은 그리스도인의 삶과 치유 상담에서 그의 현존과 힘, 상담, 지도와 지시, 중재를 제공해 준다. 성령은 현재 우리의 훌륭한 치유상담자이자 고문이시며, 우리에게 영혼 치유와 상담의 사역을 권하고 맡기신다.[457] 이러한 관점은 사도행전 2:4에 나타난 오순절 성령의 임재 사건을 모든 그리스도인이 오늘도 동일하게 역사한다고 보고 있기 때문이다. 당시 성령세례를 받았던 그리스도인들은 이러한 사건으로 인해서 그들의 삶에 상황에서 겪게 되는 다양한 문제들을 극복하고 해결하였다. 이것은 현대 그리스도인들이 겪는 문제에 있어도 그 상황 자체는 그때와 다를 수 있지만 그와 동일한 성령의 임재와 성령세례, 성령의 능력을 힘입게 된다. 역시 동일한 방법으로 문제해결과 변화, 회복과 치유 등 전인적인 삶을 경험할 수 있게 된다.[458] 누가복음 4:18에 의하면, 예수 그리스도의 말씀 가운데 주의 성령이 임하게 됨으로써 포로 된 자가 자유를 얻게 되었고, 눈먼 자가 다시 보게 되었고, 눌린 자가 자유하게 되었다.

> "주의 성령이 내게 임하셨으니 이는 가난한 자에게 복음을 전하게 하시려고 내게 기름을 부으시고 나를 보내사 포로 된 자에게 자유를, 눈 먼 자에게 다시 보게 함을 전파하며 눌린 자를 자유롭게 하고"(눅 4:18)

마태복음 12:28에 의하면, 예수님은 자신의 치유 상담 사역을 성령과 긴밀하게 연결하도록 하셨다.[459]

"그러나 내가 하나님의 성령을 힘입어 귀신을 쫓아내는 것이면 하나님의 나라가 이미 너희에게 임하였느니라"(마 12:28)

사도행전 10:38에 의하면, 베드로 역시 예수님이 성령으로 충만하셔서 치유 상담 사역을 감당하셨다고 증언하였다. 이것은 예수님의 메시아적 치유 상담 사역이 예수님이 성령의 충만함을 입고, 성령의 능력을 힘입어 이루어졌다는 의미이다.[460]

"하나님이 나사렛 예수에게 성령과 능력을 기름 붓듯 하셨으매 그가 두루 다니시며 선한 일을 행하시고 마귀에게 눌린 모든 사람을 고치셨으니 이는 하나님이 함께 하셨음이라"(행 10:38)

성령의 능력은 우리의 약한 의지와 감성, 심리, 육신을 치유하고 능력을 주어 비범하고 특별하고 고상한 인격으로 변화시킨다(살전 4:3, 살후 2:13).[461] 그래서 성결대학교 설립자 영암 김응조 목사는 성령의 능력에 대하여 말하기를, "성령은 인격을 가진 분으로 우리를 이끄시고 교훈하시며 보호하시고 구원을 완성시키시는 분이시다"라고 하였다.[462] 그래서 성령의 능력에 의한 치유 상담은 전인적인 구원과 하나님의 성품에 참여하는 것이다. 이러한 성령의 사역에서 치유상담자는 오늘날에도 동일하게 나타난다는 사실로 입각해 악한 영에 의해서 포로 된 내담자들이 그 상태로부터 자유를 누리게 되고, 심리와 영적으로 눈먼 자와 같은 내담자들이 볼 수 있는 시야를 갖게 된다. 또한 불안과 공포, 우울증, 강박 등의 감정에 눌린 내담자들은 그것들로부터 자유와 평안을 맛볼 수 있도록 하는 것이 바로 성령에 의한 치유 상담이다.[463] 그러므로 치유상담자인 목회자와 선교사는 예배드리는 순간에 치유되고 변화되리라는 소망을 가지고 설교할 때, 내담자에게 치유의 역사가 일어나는 것이다.[464] 그래서 치유 상담은 성령의 가장 아름다운 사역 가운데 하나이다. 예수님 안에 계신 성령은 치유 상담의 영이셨고, 오순절 이후에 제자들 안에 계셨던 치유상담자의 영이셨다. 성령의 역사가 풍성한 곳에는 항상 치유 상담의 역사도 풍성하다.[465] 이것은 오늘날 치유 공동체인 교회의 역할에 있어서 매우 중요한 치유 상담의 교훈과 도전이 될 것이다.

성령에 의한 내담자의 역할

치유 상담은 신앙 요소의 활용을 통해 내담자의 문제해결과 변화, 회복과 치유를 경험하도록 한다. 이런 의미에서 치유 상담은 기독교라는 서술적 용어와 목회, 그리고 선교라는 관점에서 일반 상담과 결정적인 차이를 가지고 있다.[466] 특히 내담자를 변화시키는 요인은 상담 기법이나 상담이론을 넘어서 하나님의 은혜의 방편과 성령이 깨닫게 하시는 능력, 변화와 회복시키는 성령의 역사이다.[467] 이것은 내담자에 대한 성령의 역할이기 때문이다. 그래서 고린도전서 2:10에 의하면, 성령께서 치유 상담의 과정에서 성공적인 상담이 되도록 역사하신다고 언급한다.

> "오직 하나님이 성령으로 이것을 우리에게 보이셨으니 성령은 모든 것 곧 하나님의 깊은 것까지도 통달하시느니라"(고전 2:10)

이렇게 성령은 인간의 모든 상황을 잘 아시는 것처럼 내담자의 문제를 분석하시는 주체가 되시는데, 즉 성령이 직접 개입하셔서 깨닫게 하신다. 여기서 치유상담자의 개입이란 치유상담자가 내담자의 문제를 해결하려는 주체로서의 개입이 아니라 내담자와 성령과의 관계를 형성시켜주는 자로서의 개입을 말한다.[468] 치유상담자는 내담자의 삶에서 성령의 사역을 일깨우는 데 민감해야 한다.[469] 그래서 치유상담자는 치료자가 아니라 영적 안내자이다. 또한 치유상담자는 내담자를 예수 그리스도와의 깊은 관계로 인도하는 개입의 사역을 위해서 하나님께 부르심을 받은 자인 것이다.[470] 치유상담에서 내담자는 성령이 개입하시면 인격이 이루어지게 되므로 올바로 개입하기 위해서 반드시 성령의 역할을 존중해야 한다. 내담자의 문제가 치유상담자의 기법으로 분석되기보다는 성경을 기준으로 하여 그 기준에 어긋난 죄의 문제가 성령이 깨닫게 하심에 의해서 드러나도록 해야 한다. 이러한 문제의 분석은 성령의 고유한 사역이기 때문에 치유상담자는 내담자가 전적으로 그분을 의지하도록 권면해야 할 것이다.[471]

이럴 때, 성령은 내담자 자신의 죄에 비롯해서 그리스도와의 관계 부족 등 진정한 자아를 발견할 수 있도록 치유상담자에게 통찰력을 제공하신다. 성령은 치유상담자와 내담자의 관계를 도울 뿐만 아니라 내담자와 내담자가 맺고 있는 주변 인물들과의 부적절한 관계에도 역사하신다. 성령은 치유 상담에서 내담자의 문제를 잘 듣고, 이해하고 분석하도록 치유상담자에게 통찰력을 갖도록 돕기도 하신다.[472] 이러한 치유 상담의 효과는 성령이 인간 가운데서 역사하고 있다는 사실에서 나타난다. 일반심리치료나 일반상담은 이런 관점에서 치명적인 약점을 드러내고 있다. 그래서 구원받지 못한 치유상담자나 성령 충만을 받지 못한 치유상담자는 성령의 사역을 알지 못하거나 성령의 역사를 받아들이지 않기 때문에 효과적인 치유 상담을 할 수 없다는 것은 당연한 이치이다. 일반상담은 상담자와 내담자의 관계를 강조하는 반면, 치유 상담은 치유상담자와 내담자의 관계성을 뛰어넘어 성령과의 관계성을 형성하는 매우 중요한 일이다.[473]

성령에 의한 치유상담자의 역할

현대사회는 물질은 풍요로워졌으나 사람들의 마음은 너무나도 빈곤해졌다. 이렇듯 사람들의 정신변화 속도에 산업화의 급격한 변화에 따라 역기능(逆機能) 현상을 일으켜 결국 정체성의 위기와 정신문화의 아노미 현상(Anomie Phenomenon)[474]을 초래하였다.[475] 이러한 현상을 통해 사람들은 불안과 분노, 실망과 슬픔, 죄책감을 포함한 감정적 혼란과 정체감이 상실하였으며, 각종 시험, 졸업, 취업, 객지 생활, 결혼, 임신, 부모, 중년 위기, 부모상, 갱년기, 은퇴, 배우자의 죽음 등 삶의 위기에 대한 대처 능력을 저하시켰다. 그래서 인생을 살아가는 과정에서 누구나 만나게 되는 여러 가지 삶의 국면에 처했을 때, 위기를 극복하지 못하고 병들어 가는 사람들이 늘어가고 있다.[476]

이러한 위기에서의 영적인 문제들 가운데 치유상담자와 내담자에게 영적인 도전들과 인생의 다른 문제들을 극복하도록 가르치고 힘을 주고 능력을 주는 이는 성령이시다.[477] 그래서 목회자와 선교사는 성령을 신뢰하여 언제 어디서나 치유상담자의 역할을 감당해야 한다. 더 나아가 치유상담자는 내담자에게 영적, 육체적, 정신적, 심리적 문제 속으로 접근해야 전인적인 치유자가 되어야 한다.[478] 성령을 의지하는 치유상담자는 내담자의 이야기를 들어주는 청취자가 아니다. 또한 내담자를 무조건 지지해 주는 지지자도 아니다. 우선 치유상담자는 성령의 인도하심을 받은 사람이거나 그럴 수 있는 사람이면 바른 치유상담자가 될 수 있다. 그리고 성령이 치유상담자의 상담자가 되셔서 치유상담자를 진리로 인도해 주셔야만 치유 상담이 될 수 있다.[479] 사실 궁극적인 치유상담자는 성령이시기 때문이다.

치유 상담을 함에 있어 치유상담자는 성령의 역할을 절대 과소평가해서는 안 된다. 종종 성령은 치유상담자에게 분별력과 지혜를 주시고, 훈련과 경험을 보완하시며, 치유 상담의 역할에서 더 효과적으로 일하신다. 성령이 치유상담자 안에서 치유상담자를 통해 일할 때, 성령은 또한 내담자의 삶 속에서 일하고, 치유를 가져오며, 죄를 식별하게 하며, 용서에 대해 가르치며, 내담자가 그리스도에게로 향하게 하신다.[480] 사실 성령은 예수님의 치유 상담 사역에서 동역하셨고, 오늘날에도 치유상담자를 통해 일하신다.[481] 치유상담자는 치유와 성장이 하나님으로부터 비롯된다는 사실을 인식해야 한다. 그러면 치유 상담에 대한 기법적인 고민에서부터 벗어나 편안한 마음으로 치유 상담에 임할 수 있게 될 것이다. 치유 상담에서 치유상담자는 성령의 인도를 의뢰하는 것을 내담자에게 보여 주어야 하며, 내담자에게 인식시켜 성령을 의뢰하도록 하는 것이 중요하다. 치유상담자는 내담자에게 상담 과정을 통해 성령이 어떻게 역사하시는지에 대해 충분히 설명해 주어야 한다.[482]

따라서 치유상담자는 내담자에게 성령에 대하여 네 가지로 설명하면 다음과 같다. 첫째, 성령이 어떤 분이신지를 설명해야 한다. 둘째, 성령을 어떻게 초청해야 하는지를 설명해야 한다. 셋째, 치유 상담에서 어떻게 성령이 역사하고 있는지를 설명해야 한다. 넷째, 성령을 의지하면 어떤 결과가 생길 것인지를 설명해야 한다. 치유상담자가 이러한 성령의 역사에 대해 내담자에게 설명하는 것은 치유 상담의 과정에서 문제를 해결하는 것과 아울러 기대 수준을 올리는 데 매우 중요한 부분이 된다.[483] 또한 치유상담자는 목회 현장과 선교 현장에서 내담자의 말에 귀를 기울이는 동시에 성경으로부터 그의 삶이 얼마나 그리고 어떻게 이탈되었는지를 비교하고, 분석할 뿐만 아니라 통찰과 평가할 수 있어야 한다. 성령은 치유상담자를 위한 교과서라 할 수 있는 성경을 통해 효과적으로 말씀하신다. 그래서 치유 상담은 성경과 성령의 사역 간에서 매우 밀접한 관계가 있다.[484]

치유상담자는 내담자와 더불어 기도하는 것은 성령의 역사가 효과적으로 나타나 문제가 적나라하게 드러나고 치유상담자의 통찰을 얻어 문제를 잘 이해하도록 하기 위한 것이다. 따라서 치유상담자는 상담을 시작하기 전에 내담자의 문제가 잘 드러나도록 기도할 수 있다. 또한 치유 상담을 종결하기 전에 사고와 행동수정에서 새로운 결심을 하도록 기도할 수 있다.[485] 치유상담자는 심리적으로 고통을 당하고 있는 내담자를 위해 목회 현장과 선교 현장에서 기도를 통해 성령과 내담자를 연결하여 문제해결과 회복, 치유되도록 성령의 임재와 개입을 요청해야 한다. 그래서 치유상담자의 기도는 내담자와 성령을 연결하는 필수적인 작업이라고 보아야 할 것이다.[486]

...

결론적으로, 치유 상담에서의 성령의 역할에 대하여 살펴보았다. 치유 상담과 성령은 매우 밀접한 관계다. 치유 상담은 치유상담자와 내담자 사이에 신앙을 연결해 주고 묶어주는 일로서 당연히 성령의 사역이다. 그래서 치유 상담은 성령을 제외하고는 독자적인 영역으로 존재할 수 없다. 특히 치유상담자는 자신이 치유 상담의 주체가 아님을 스스로 인정 해야 하며, 내담자를 위하여 진정한 치유의 주체로서 성령을 간구하는 모습을 보여 주어야 한다.[487] 이러한 성령에 의한 치유 상담은 한 사람 한 사람의 개인 구원뿐만 아니라 공동체와 사회구원을 완성함으로써 이 땅 위에 하나님의 나라를 확장시켜 나간다.

이러한 치유 상담의 목적을 위해서 치유상담자는 상담에서 자기 자신의 상담 기법이나 경험, 능력을 의지하지 않고 성령의 일하심에 전적으로 의지해야 효과적인 치유 상담을 할 수 있다.[488] 결국 치유 상담은 현대선교 방법론 가운데에 검증될 뿐만 아니라 강력히 요구되고 있음을 알 수 있을 것이다. 따라서 진정한 치유상담자는 교회와 연결되어 지지와 격려를 받지 않으면 그 효과가 약화되기 때문에 하나님의 권위 아래 봉사해야 하며, 이해심과 따뜻한 마음을 통해 영혼을 사랑하는 마음을 가지고, 병든 자들을 위해 기도함으로써 치유 상담을 도와야 한다.[489] 특히 교회 안에서 일반 의사와 간호원, 건강관리 계통에서 전문적인 일하는 구성원들이 있으면 함께 의료선교회를 만들어 효과적인 치유 상담을 할 수 있다.[490] 이러한 치유 상담 사역을 위해서 한국교회는 성령의 역할에 순종해야 할 것이다.

8장 치유 상담
선교 방법론의 대안

치유 상담 선교 방법론에서 신유(神癒, Divine Healing)는 전문인 사역 가운데 하나다. 그것은 치유 상담이 개인의 삶에 관심을 집중하여 예수 그리스도의 머리인 교회를 통해서 치유하는 사역이기 때문이다. 치유 상담은 다양한 상담 방법을 통하여 그 목적하는 바를 성취시켜 신유라고 하는 선교 방법으로 그 목적을 수행하는 것이다. 특히 한국교회는 신유를 치유 상담의 기능을 수행하기 위하여 성례전과 생활 규범 등을 헌법으로 정하여 그와 같은 기능을 수행할 것을 강조하였다.[491] 치유 상담의 기능은 신앙적 삶을 영위하는 방편으로서가 아닌 구체적 삶 속에서 제기되는 문제들에 대한 해답의 시도라고 하는 측면인 심방 또는 셀(Cell) 목회 사역을 통하여 수행되어 왔음을 한국 기독교 역사는 증명하고 있다.[492] 이러한 치유 상담은 존 웨슬리 신학(Theology of John Wesley)과의 연관성을 지니고 있다. 치유 상담에 관한 웨슬리의 주요 공헌은 영성 형성을 목적으로 속회, 혹은 소그룹을 혁신적으로 활용했다는 점이다. 즉 소그룹을 치유 상담의 장으로 삼아 회원들 상호 간의 목회적인 돌봄(pastoral care)과 친교를 통해 제자도(discipleship)를 성취해 가도록 하였다.[493]

이러한 관점에서 한국교회는 신유를 치유 상담적 차원으로 계승시켜 그 방향성에 하나인 전인적 구원을 재고해야 할 필요성이 있다. 이를 위해 치유 상담에서의 영성(Spirituality)과 심리치료(Psychotherapy), 의학적(Medical) 치유 행위를 포함하는 한국교회의 신유는 목회 현장과 선교 현장에서 일어나는 하나님의 임재와 능력으로 질병과 귀신의 붙들림에서 놓임을 받는 사역이 될 것이다.[494] 따라서 한국교회의 신유에 대한 이를 통해 치유 상담 선교 방법론의 대안을 살펴보고자 한다.

신유에 대한 성경의 이해

신유는 한국교회에서 핵심적인 교리로 중요한 의미를 지닌다.[495] 신유는 치유의 개념과 같은 의미로 쓰인다. 그러나 엄밀하게 말하면, 치유와 신유는 개념적으로 차이를 가지고 있다. 넓은 의미의 개념으로 신유는 모든 육체의 회복을 의미한다. 즉 치유는 하나님의 일반적인 창조 섭리로 형성된 인체의 여러 가지 면역체계, 또는 자연적인 요소들에 의해 누구에게나 일반적으로 미치는 치유의 은총으로 주어진다. 여기에는 생리작용을 통한 치유, 자연법칙을 통한 치유, 합리적인 이성 작용, 즉 의학을 통한 치유 등이 포함된다.[496] 이에 대해 좁은 의미의 개념으로 신유는 특별히 하나님의 신적 능력에 의한 치유를 의미한다.

1887년 『사중복음』을 쓴 앨버트 심슨(Albert B. Simpson, 1843~1919)은 좁은 의미의 개념으로서 신유에 대하여 말하기를, "신유란 인간 육체 속에 주입하시는 초자연적 신적 능력으로, 그들의 힘을 새롭게 하시고 고통받는 인간 육체의 허약한 것을 하나님의 생명과 능력으로 바꾸어 주시는 것이다"라고 하였다.[497] 이러한 전인적인 치유의 개념은 하나님의 능력에 의한 신유와 인간의 믿음을 포함한 인간의 영, 혼, 육이 타락된 비정상적인 상태에서의 회복과정을 온전한 회복으로 보고 있다. 이 세상에서 인간이 온전하고 건강할 수 있다는 것은 성령의 사역으로만 가능한 것이다.[498] 성경은 인간을 전인적 존재(whole personal being)로 보고, 영과 혼, 육의 통일된 존재임을 나타내고 있다.[499] 고대 그리스의 의학자요, 현대 의학의 창시자인 히포크라테스(Hippocrates)도 인간의 통일된 존재에 대하여 말하기를, "인간의 육체적 질병을 고치기 위해서는 단순히 질병만을 볼 것이 아니라 사물 전체에 대한 지식을 가질 필요가 있다"라고 하였다.[500] 따라서 진정한 신유는 육체와 심리, 그리고 영혼의 합일과 전인격적으로 이루어지기 때문에 신유와 구원은 서로 연합된 상태이다. 그래서 예수 그리스도께서는 전인적인 인간을 구원하시기 위해 이 땅에 오신 것이다. 따라서 신유는 구약성경과 신약성경에서의 신유와 예수님의 치유 상담을 통한 신유가 있다.

구약성경에서의 신유

구약성경에서 말하는 신유는 하나님이 택하신 지도자(Leader)와 선지자(Prophet), 그리고 제사장(Priest)을 통해 치유가 진행되었다. 이러한 치유의 언급은 광범위하게 '치료' 혹은 '치유'를 의미하는 대표적인 단어인 '마르페'와 '아루카', 그리고 '라파'가 두루 사용되었다.[501] 먼저 '마르페'(מַרְפֵּא)는 '건강을 회복하다'라는 의미로 치유, 고침, 회복, 병이 점차 나아짐을 뜻한다. '마르페'는 역대하 21:18과 예레미야 14:19 등에서 16회나 사용되었으며, 이는 치료받기를 기다리는 하나님의 백성들을 향하여 사용되었다.[502]

"이 모든 일 후에 여호와께서 여호람을 치사 능히 고치지 못할 병이
그 창자에 들게 하셨으므로"(대하 21:18)

"주께서 유다를 온전히 버리시나이까 주의 심령이 시온을 싫어하시
나이까 어찌하여 우리를 치시고 치료하지 아니하시나이까 우리가

평강을 바라도 좋은 것이 없고 치료 받기를 기다리나 두려움만 보나이다"(렘 14:19)

다음으로 '아루카'(ﾖﾗﾗ以)는 본래 '길다'(be long)라는 뜻을 가진 '아라크'(ﾗﾗ以) 동사에서 파생한 낱말이며, 상처 입은 자리에서 자라난 새 살(new flesh)을 가리킨다는 점에서 상처의 치유나 회복을 뜻한다.[503] 이렇게 건강을 회복한다는 의미로 사용되었는데, 예레미야 8:22과 30:17, 그리고 33:6에서 6회나 나타난다.[504]

"길르앗에는 유향이 있지 아니한가 그 곳에는 의사가 있지 아니한가 딸 내 백성이 치료를 받지 못함은 어찌 됨인고"(렘 8:22)

"여호와의 말씀이니라 그들이 쫓겨난 자라 하매 시온을 찾는 자가 없은즉 내가 너의 상처로부터 새 살이 돋아나게 하여 너를 고쳐 주리라"(렘 30:17)

"그러나 보라 내가 이 성읍을 치료하며 고쳐 낫게 하고 평안과 진실이 풍성함을 그들에게 나타낼 것이며"(렘 33:6)

마지막으로 '라파'(以ﾗﾗ)는 고통과 절망 중에 빠진 자들이 자신의 죄악을 고백하면서 하나님의 치유를 위해 간구하는 경우로 사용된다.[505] '라파'는 성경에서 67회나 쓰일 만큼 가장 많이 사용된 단어인데, '고치다', '치료하다', '건강하다'를 의미한다(창 20:7, 사 19:22; 57:18, 대하 7:14, 시 30:2).[506]

"이제 그 사람의 아내를 돌려보내라 그는 선지자라 그가 너를 위하여 기도하리니 네가 살려니와 네가 돌려보내지 아니하면 너와 네게 속한 자가 다 반드시 죽을 줄 알지니라"(창 20:7)

"여호와께서 애굽을 치실지라도 치시고는 고치실 것이므로 그들이 여호와께로 돌아올 것이라 여호와께서 그들의 간구함을 들으시고 그들을 고쳐 주시리라"(사 19:22)

"내가 그의 길을 보았은즉 그를 고쳐 줄 것이라 그를 인도하며 그와 그를 슬퍼하는 자들에게 위로를 다시 얻게 하리라(사 57:18)

"내 이름으로 일컫는 내 백성이 그들의 악한 길에서 떠나 스스로 낮추고 기도하여 내 얼굴을 찾으면 내가 하늘에서 듣고 그들의 죄를 사하고 그들의 땅을 고칠지라"(대하 7:14)

"여호와 내 하나님이여 내가 주께 부르짖으매 나를 고치셨나이다"(시 30:2)

이렇게 신유란 하나님의 섭리이며, 치유하시는 그 주체가 하나님이시라는 것이다.[507] 20세기 구약 신학자인 게하르크 폰 라드

(Gerhard Von Rad, 1901~1971)는 구약성경에서 말하는 하나님에 대하여 말하기를, "하나님은 치유하시는 하나님으로, 하나님만이 치유할 수 있고(왕하 5:2), 그분만이 꿰맬 수 있으며(욥 5:18), 그가 고치시며(시 6:3, 렘 17:4, 시 30:3; 103:3), 그를 신뢰하면 모든 처방이 효력을 발생한다(왕하 20:1-7)"라고 하였다.[508]

이렇게 인간은 하나님과 관계하고 있을 때 참다운 인간상이 나타난다. 출애굽기 15:26에 의하면, 하나님을 묘사하기를 "나는 너를 치료하는 여호와임이니라"(I am the LORD, who heals you)라고 하였다. 시편 103:3에 의하면, 질병으로부터의 치유는 때때로 죄의 용서와 결부되어 나타나며, 시편 107:19-20에 의하면, 때로는 위급한 파멸로부터의 구원과 결부되어 나타나기도 한다. 또한 시편 147:3에 의하면, 질병으로부터의 치유는 때로 인간의 상처 입은 영을 새롭게 하는 것과 결부되어 나타난다.[509]

"그가 네 모든 죄악을 사하시며 네 모든 병을 고치시며"(시 103:3)

"이에 그들이 그들의 고통 때문에 여호와께 부르짖으매 그가 그들의 고통에서 그들을 구원하시되 그가 그의 말씀을 보내어 그들을 고치시고 위험한 지경에서 건지시는도다"(시 107:19-20)

"상심한 자들을 고치시며 그들의 상처를 싸매시는도다"(시 147:3)

이러한 치유의 개념을 통한 신유는 하나님 형상의 회복과 온전케 하시는 하나님, 상처를 싸매시는 하나님의 손길을 구약성경 전반에 걸쳐 밝히고 있다.[510] 이처럼 구약성경에서 말하는 신유는 육체적인 치유와 정신적인 치유, 그리고 영적인 치유까지 포함하고 있는 하나님의 전인적인 치유라고 볼 수 있겠다. 구약성경에서 말하는 신유의 사례를 살펴보면 다음과 같다. 첫째, 아비멜렉의 아내와 여종들의 불임을 치유한 사건이다(창 20:17). 둘째, 미리암의 문둥병을 치유한 사건이다(민 12:1-16). 셋째, 뱀에 물린 자를 치유한 사건이다(민 21:4-9). 넷째, 사르밧 과부의 아들이 살아난 치유의 사건이다(왕상 17:17-24). 다섯째, 스넴 여인의 아들이 살아난 치유의 사건이다(왕하 4:18-37). 여섯째, 나아만 장군의 문둥병을 치유한 사건이다(왕하 5:1-14). 일곱째, 히스기야 왕의 죽음에서 치유한 사건이다(왕하 20:1-11). 여덟째, 욥의 질병을 치유한 사건이다(욥 42:8-17). 아홉째, 다니엘의 건강을 유지한 치유의 사건이다(단 1:10-16). 이처럼 구약성경에는 하나님의 놀라운 능력으로 병자를 치유하시는 신유의 역사가 수없이 나타난다. 하나님은 이 모든 치유의 근원자이심을 명백히 보여 주고 있다.

신약성경에서의 신유

신약성경에서 신유는 구약성경에서 이미 나타난 건강과 치유의 개념들을 반영하고 있다. 이러한 신유에 대한 헬라어의 의미는 고침과 건강을 다시 회복하는 것인데, 이에 대한 단어로 '이아오마이', '쎄라퓨오', '휘기아이노', '소조'로 사용되고 있다.[511]

먼저 '이아오마이'(ιαομαι)는 신약성경에서 26회가 나온다. 누가복음에서 11회, 마태복음에서 4회, 요한복음에서 3회, 사도행전에서 4회, 그리고 마가복음과 히브리서, 베드로전서와 야고보서에서 각각 1회씩 나온다. 이것은 '치료하다', '병을 고치다'라는 의미로 영적인 치유로 사용되었다.[512] 오늘날 이 단어는 도덕적인 상처나 질병의 치유에까지 확장되었다. 여기서 신유는 육체적, 정신적, 질병을 유발시키는 죄와 관련되어 있음을 제시하고 있다.[513]

다음으로 '쎄라퓨오'(θεραπευω)는 신약성경에서 43회가 나온다. 특히 마태복음에서 16회, 마가복음에서 5회, 누가복음에서 14회, 사도행전에서 5회가 나온다. 이것은 주로 '치료하다'는 의미로 사용되었다.[514] 영어 '쎄라피'(therapy)의 어원이 되는 단어로 의료의 치료나 치유를 포함한다.[515] 원래 이 의미는 신들을 섬기는 것을 포함하여 여러 가지 종류의 돌봄이나 섬김을 뜻한다.[516] 이것은 단순히 육체의 치료에만 그치는 것이 아니라 영혼의 치료에도 해당한다.

그다음으로 '휘기아이노'(ύγιαινα)는 건강이 좋은 상태에 있다는 의미를 지니고 있다.[517] 이것은 육체나 정치, 종교적인 일들에 있어 건강한 상태, 그리고 건전한 상태를 나타낼 때 쓰였으며, 헬라어에서는 의료 용어의 기본적인 단어로도 사용되었다.[518]

마지막으로 '소조'(σώξω)는 '구원하다', '보존하다', '상하게 하지 않게 지키다', '구제하다', '죽음으로부터 구원하다'를 의미하는 단어인데, 이것은 의료적인 의미뿐만 아니라 다양한 의미로 사용되었다. 또한 치료나 한 사람을 질병이나 죽음으로부터 구원한다는 의미로 쓰였으며, 몸을 구원하는 것이 전 존재의 구원의 첫 걸음이기 때문에 의미상으로 완전한 구원과 연결된다.[519] 이러한 단어들은 사복음서와 사도행전 등을 통해 신유가 일어나는 사역에 다양하게 사용되었다.[520]

특히 예수님이 행하신 신유는 단순히 육체적인 상태의 일시적 회복에 머물러 있지 않고 구원론적 의미를 담고 있어 주목된다.[521] 이와 같이 성경에 나타난 의미들을 살펴보면, 신유는 일반적으로는 단순한 육체적인 질병의 고침만을 생각하는 것을 잘못된 것이며, 육체적인 치유뿐만 아니라 정신적이고 영적인 차원에서의 온전한 회복을 의미한다.[522] 다시 말하면, 성경에서 말하는 신유는 전인적인 치유를 말하고 있다.

예수님의 치유 상담을 통한 신유

예수님의 치유상담 사역은 전인적인 치유상담 사역이었다. 예수님은 영적인 질병으로서의 죄를 사하고, 귀신에 사로잡힌 자들을 해방시킴으로서 영적인 치유를 행하셨다. 예수님은 하나님과 사람 사이, 그리고 사람과 사람 사이에 깨진 관계를 회복시키심으로써 관계를 통한 치유상담을 통한 신유 사역을 행하셨다.[523] 신약성경에서 말하는 예수님의 치유상담을 통한 신유의 사례를 살펴보면 다음과 같다. 나병환자가 깨끗하게 됨(마 8:2-4, 막 1:40-45, 눅 5:12-15), 백부장의 종이 고침 받음(마 8:5-13, 눅 7:1-10), 베드로 장모가 고침 받음(마 8:14-15, 막 1:29-31, 눅 4:38-39), 군대 귀신 들린 자가 고침 받음(마 8:28-34, 막 5:1-20, 눅 8:26-39), 중풍 환자가 고침 받음(마 9:2-8, 막 2:1-12, 눅 5:17-26), 혈루병 여인이 고침 받음(마 9:23-26, 막 5:23, 35-43, 눅 8:49-56), 눈먼 두 소경이 고침 받음(마 9:27-31), 손 마른 환자가 고침 받음(마 12:9-13, 막 3:1-5, 눅 6:6-11), 소경 되며 귀신 들린 자가 고침 받음(마 12:22-23, 눅 11:14), 귀신 들린 가나안 여자가 고침 받음(마 15:21-28, 막 7:24-30), 귀신 들린 간질병 아이가 고침 받음(마 17:14-21, 막 9:14-29, 눅 9:37-43), 눈먼 사람이 고침 받음(마 20:29-34, 막 10:46-52, 눅 18:35-43), 귀신 들린 자가 고침 받음(막 1:23-27, 눅 4:33-36), 귀먹고 벙어리 된 자가 고침 받음(막 7:31-37), 소경이 고침 받음(막 8:22-26), 벙어리 귀신 들린 자가 고침 받음(막 9:14-29), 막달라 마리아의 일곱 귀신을 쫓아내심(막 16:9, 눅 8:2), 과부의 아들을 살려 주심(눅 7:11-16), 18년 동안 등이 굽은 여인이 고침 받음(눅 13:10-17), 수종병 환자가 고침 받음(눅 14:1-6), 열 명의 나병환자가 고침 받음(눅 17:11-19), 대제사장 하인의 귀를 고침 받음(눅 22:50-51), 왕의 신하 아들이 고침 받음(요 4:46-54), 38년 된 환자가 고침 받음(요 5:1-15), 선천성 눈먼 자가 고침 받음(요 9:1-12), 나사로의 병이 고침 받음(요 11:1-45) 등이다.

병자들을 볼 때, 예수님은 전형적인 위로자가 되시면서 근본적인 치유자가 되셨다. 치유상담자로서의 예수님의 첫 번째 중요한 치유 상담의 기본원리는 인간 자체에 최고의 가치를 두셨다. 예수님은 사람의 가치를 조직이나 가치나 도덕적 가치나 혹은 다른 어떤 가치보다는 더 높이 보셨다.[524] 더욱이 당시 예수님은 대중의 지탄받았던 세리들과 인간사회로부터 소외 받았던 많은 사람이 예수님의 말씀을 들으려고 예수님께 가까이 나아올 때 이들을 환영하고 함께 식사를 하는 예수님을 향하여 당시 종교 지도자들이었던 바리새인과 율법학자들이 수군거리는 비웃음에 예수님은 잃은 양을 찾는 비유를 말씀하시면서 한 사람의 인간적 가치는 천하보다 귀하다고 교훈으로 말씀하셨다(마 15:24, 막 18:12-14, 요 21:15-19). 예수님의 이러한 치유상담의 원리는 내담자인 인간 자체에 최고의 가치를 둔 것임을 알 수 있을 것이다.[525]

치유상담자로서의 예수님의 두 번째 치유 상담의 기본원리는 내담자의 근본적인 원인을 다루셨다. 사실 내담자는 스스로 선택과 결단을 기다리고 있다. 특히 민족적인 차별을 받았던 이방인을 멸시하는 유대인의 우월감과 종교적인 최고의 위치에서 율법을 가리키는 지도자의 자만심으로 사람들을 대할 때 교만으로 대하며 더욱이 예수님에 대하여는 적개심을 강렬하게 느끼는 한 율법사가 예수님을 찾아온 상담이다. 예수님은 공격적인 내담자를 정면으로 공격하지 않고 그의 입장에서 그의 문제를 반문함으로써 내담자의 마음 문을 열고 바람직한 치유상담이 이루어지도록 대화를 이끌어 가셨다. 그리고 내담자를 긍정적으로까지 격려하셨다.[526] 그리고 치유상담자로서의 예수님은 내담자가 스스로 이전의 사실에 대하여 새로운 각도로 지각하도록 문제의 근본적인 원인이 무엇인지를 암시한 뒤에 스스로 선택과 결단을 하도록 기다리셨다.[527]

치유상담자로서의 예수님의 세 번째 중요한 치유 상담의 기본 원리는 십자가의 끝없는 용서와 사랑이셨다. 예를 들면, 요한복음에 나타난 예수님과 갈릴리 바다의 어부 베드로와의 치유 상담에서 이러한 사실을 발견할 수 있다. 예수님의 십자가 사건으로 인해 그에 대한 베드로의 기대가 무너졌을 때 그는 예수님을 따르기 전의 어부로 돌아갔다. 더욱이 그가 가야바의 법정에 끌려갔을 때 멀찍이 서서 구경을 하다가 한 비자가 이 사람이 나사렛 예수와 함께 있었다며 말하자 예수님을 모른다고 세 번이나 부인하게 되었다. 그 후, 갈릴리 해변에서 부활하신 예수님을 만나 "네가 나를 사랑하느냐"라는 세 번의 질문을 받게 되었는데, 여기서 예수님은 자신의 사랑을 자기를 부인했던 베드로에게 접근한 것을 보게 된다.[528]

이처럼 예수님과 베드로의 치유 상담에서 예수님이 순수한 사랑의 감정을 세 번씩이나 동일한 호소를 했을 때 내담자는 지난 날 세 번씩이나 예수님을 부인한 사실을 새롭게 기억하며 상담자의 꾸밈없는 사랑의 동기에 스스로 깊은 반성을 하게 되었다. 이러한 치유상담자의 도덕적인 선과 악의 범주를 초월한 끝없는 십자가의 용서와 사랑에서 내담자의 자연발생적인 반성이 가능하게 되었고, 이러한 기회로 인하여 한 평생 치유상담자의 길을 선택하고 결단하게 되었던 올바른 치유 상담의 결과를 가져다주었던 것이다.[529] 특히 예수님께서 신유 하셨던 가장 보편적인 질병은 일반적으로 귀신 들림이었다. 사복음서에 나타난 치유상담자이신 예수님의 신유를 살펴보면, 그 내담자의 대상들은 악한 영에 사로잡혀 있는 귀신 들림이나 문둥병 환자나 중풍 병자, 손 마른 자 등 질병의 종류가 다양했으며, 개인이나 단체, 아이와 어른, 남자와 여자 구분하지 않았으며, 장소 역시 구별하지 않았다.[530] 예수님은 병자라면 누구든지, 또한 어디에서든지 신유를 위한 치유상담자가 되신 것이다.

치유 상담 선교의 접근들

신유는 20세기 이후뿐만 아니라 이전의 선교역사에 있어서 결코 간과할 수 없는 큰 주제 중의 하나라는 점이다. 해외에서의 초기 기독교에 속한 교단들의 급성장은 그동안 세계적으로 크게 주목을 받아왔다. 이러한 성장의 주요 원인은 무엇보다도 기독교의 특성을 지닌 신유 운동이 확산되었다는 점을 빼놓을 수 없다.[531] 따라서 신유를 통한 치유 상담 선교 접근들에 있어서 존 웨슬리의 신유, 앨버트 심슨의 신유, 나까다 쥬지의 신유, 찰스 카우만의 신유, 어네스트 킬보른의 신유를 통한 치유 상담 선교의 접근에 대하여 살펴보고자 한다.

존 웨슬리의 신유를 통한 치유 상담 선교

존 웨슬리(John Wesley, 1703~1791)는 킹즈우드(Kingswood)에 사는 여인을 위해 기도하였는데, 그 결과로 병 고침을 받았다. 그는 질병에서 고통당하는 자들을 위해 기도했지만 그의 주된 관심사는 하나님의 능력을 통한 신유가 아니었다. 오히려 그는 진료소를 통한 치유와 기초의학 지식을 통한 건강회복에 주력하였다. 특히 웨슬리는 교도소와 도시의 하층민을 위한 선교사역에서 민간요법을 통한 치유를 실행하기도 하였다.[532] 이미 웨슬리는 성결 운동을 통해 신유의 역사가 일어나고 있음을 보고하고 있으며, 신학적으로 그리스도를 영육의 의사로 이해하며, 성경을 치유의 광선으로 묘사하기도 한다. 또한 실천적인 영역이라 할 수 있는 치유는 성도들의 건강을 위한 운동과 규칙적인 생활을 강조하는 각종 처방책을 제시할 뿐만 아니라 빈곤층을 위한 병원 설립에도 앞장섰다. 웨슬리의 신유를 통한 치유 상담 선교는 신유만을 위한 특정 모임이나 신비주의적 운동을 비판하면서도 신유 자체를 하나님의 구원 사역으로 인정한다.[533] 또한 보편적인 신유로서 자연적, 의학적 치유를 긍정적으로 인정할 뿐만 아니라 하나님의 초자연적인 능력에 의한 치유에 대해서도 개방적이다. 이러한 특별한 의미에서의 신유는 인간의 이성이나 자연법칙에 의한 설명으로는 해명되지 않는 기적으로 창조와 구원, 그리고 치유의 하나님께 속하는 것이다.[534]

이러한 육체의 치유로서 신유를 하나님의 구원 사역으로 받아들이는 한국성결교회는 온전한 구원과 전인적 구원을 지향한다. 더불어 육체를 치유하시는 하나님의 온전한 구원의 사역을 강조하는 한국교회의 구원론은 인간과 자연의 치유를 신학적 담론으로 삼고 있는 현대 생태신학의 조류에 부합 하며 더 깊은 대화와 협력이 요구된다.[535] 따라서 육체의 치유는 몸에 대한 하나님의 사랑을 의미하며, 이것은 인간의 육체가 처해 있는 구체적인 환경의 치유와도 직결되기 때문이다. 그래서 한국성결교회의 온전한 구원은 인간의 유기체적 환경의 한 요소인 정치와 사회 영역에서의 하나님의 치유사역도 함께 언급한다.[536] 21세기 한국교회는 목회 현장과 선교 현장에서 웨슬리의 신유를 통한 치유 상담 선교를 함에 있어 의료와 교육, 사회복지 사업과 아울러 하나님의 신유를 다시 한 번 강조함으로써 기독교적인 영성을 되살리는 사역이 필요할 것이다.[537]

앨버트 심슨의 신유를 통한 치유 상담 선교

한국성결교회와 깊은 연관이 있는 미국 기독교선교연합회(Christian & Missionary Alliance)의 창설자인 앨버트 심슨(Albert B. Simpson,

1843~1919)은 어린 시절부터 질병으로 인해 고생하였다. 14세에 그는 죽음의 지경에 이른 적도 있었고, 심장질환으로 인해 주머니에는 항상 약을 가지고 다닐 정도였다.[538] 그가 첫 목회지 켄터키 루이빌에서 1874년부터 6년간 목회했으나 건강이 몹시 약했다. 뉴욕 13번가 장로교회에서 목회할 때도 내적으로는 교회적인 문제로, 육체적으로는 건강의 악화로 위기를 겪기도 하였다.[539] 뉴욕의 유명한 의사는 심슨에게 생명이 몇 달밖에 남지 않았다고 말했다. 그는 1881년 여름 동안 사라토 온천장에서 휴식을 취하였으며, 몇 주 후에 가족과 함께 공기 좋고, 모든 대서양 해변가 가운데서도 가장 좋은 곳으로 알려진 메인 주 올드 오차드 해변(Old Orchard Beach)으로 휴양을 떠났다.[540] 마침 그곳에서 보스톤의 의사요, 19세기 미국 신유 운동의 중심인물이었던 찰스 컬리스(Charles Cullis)[541] 박사가 집회를 인도하고 있었다. 그는 이 신유 집회에 참석하여 많은 사람으로부터 신유에 대한 간증을 듣게 되었다.[542]

그러나 심슨은 신유에 대한 분명한 확신을 가지지 못했다. 그는 하나님께 그 문제에 대해 물었고, 성경에서 그 해결책을 찾기 시작하였다. 그런 가운데 그가 숲속에서 기도할 때 성령은 말씀 가운데서 그에게 신유에 대한 진리에 분명한 확신을 주었고, 그 순간 자신의 육체의 질병이 치유되는 신유의 체험을 하게 되었다.[543] 이러한 신유의 체험으로 인해, 1881년 11월 7일에 뉴욕 13번가 장로교회를 사임한 심슨은 칼빈주의 장로교 목사로서 신유 체험을 갖고 있어 신유가 사도 시대에 일어난 일시적인 은사가 아니라 지금도 계속해서 일어나고 있다는 확신을 가지게 되었다.[544] 이후 1884년, 심슨은 볼트만이 영국에서 개최한 '국제신유 및 성결집회'(International Conference on Divine Healing and True Holiness)에 참여하게 되는데, 이 집회에서 그는 예수 그리스도를 구원자와 성화케 하시는 자뿐만 아니라 치유자임을 간증하였다.[545] 그는 신유에 대하여 말하기를, "신유는 하나님의 초자연적인 신적 능력이 인간의 육체 속에 주입(infused into human bodies)됨으로써 원기를 회복시키는 것이며, 육체의 연약하고 아픈 부분을 하나님의 생명과 능력을 통하여 회복시키는 것이다"라고 정의하고 있다.[546]

이러한 신유는 부활하신 그리스도께서 영과 육을 포함한 통전적인 구원을 보여 주는 사건이기 때문에 신유의 복음은 온전한 구원을 보여 주는 온전한 복음으로 강조하였던 것이다.[547] 그는 신유를 예수 그리스도의 생애와 관련시켜서 그리스도의 구속 사역의 일부로 이해하였다.[548] 그리고 예수 그리스도의 십자가 죽으심과 부활을 영적인 차원으로만 국한 시키지 않고 육체를 포함한 영과 육의 전인적 구원으로 이해하였다.[549] 그는 의학적인 치유 수단에 앞서 신유를 우선하는 특징을 말하면서 신유는 의학적 수단이 아님을 강조하고 의학적 치유 방법도 나름대로 제한된 가치를 갖고 있음을 인정하였다.[550] 이렇게 그는 『치유 사역』(The Ministry of Healing)이라는 책을 써서 신학적인 이해를 넓히려고 노력하였다.

그의 이러한 신유 사역은 당시에 실제적인 사역뿐만 아니라 신학적인 기초를 세움으로 한 층 신유 신학이 발전하는데 기초를 제공하였다.[551] 따라서 오늘날 다양한 문화 속에서 앨버트 심슨의 신유를 통한 치유 상담 선교는 예수 시대와 초대교회, 그리고 오늘날에도 계속해서 일어나고 있으며, 예수 그리스도는 우리의 질병을 치유하시는 분으로 강조하여 증거 해야 할 것이다.

나까다 쥬지의 신유를 통한 치유 상담 선교

심슨의 신유 신학은 초기 동양선교회 창립자들에게 지대한 영향력을 끼쳤다. 동양선교회는 미국의 찰스 카우만 선교사와 일본의 나까다 쥬지(中田重治, 1870~1939)[552] 목사가 협력하여 세운 선교단체다. 초기 동양선교회는 쥬지가 원래 미국 북감리교회 전도사였다가 미국 무디성서학원(Moody Bible Institute)에서 신학을 공부한 후 카우만 선교사와 함께 일본으로 귀국하여 1901년 4월에 도쿄에 중앙복음전도관과 동경성서학원을 열면서부터 시작되었다. 그는 성서 교실과 전도 집회를 개최했으며, 일본 각지를 다니면서 전도를 하였다.[553] 이런 쥬지는 신유에 대하여 말하기를, "첫째, 신적인 치유로 순간적으로 하나님의 능력으로 병자가 치유되는 것을 말한다. 둘째, 영적인 것만을 추구하는 기독교에 있어서 육신의 질병을 치유하는 신유는 하찮은 것만은 아니다. 그것은 그리스도께서 복음을 전하셨고, 백성들의 질병을 치유하셨기 때문이다. 셋째, 교회가 물질주의적 현대사상과 과학 문명으로 인해 하나님의 능력을 부정하고 신유의 이적을 미신과 이단으로 규정하여 타락하였으나, 사도시대는 신유를 가르쳤기 때문에 부흥되었다"라고 하였다.[554] 따라서 쥬지의 신유를 통한 치유 상담 선교는 순간적으로 하나님의 능력으로 병자가 일어나는 것을 말한다. 이러한 질병의 고침은 전적인 하나님의 능력을 믿음으로 치유될 수 있기 때문에 초대교회와 같이 신유를 통한 치유 상담 선교의 사명을 오늘날 교회가 감당해야 할 것이다.[555]

찰스 카우만의 신유를 통한 치유 상담 선교

동양선교회의 창설자인 찰스 카우만(Charles E. Cowman, 1868~1924) 선교사는 심슨에게 신유 신학의 영향을 받았다. 그는 회개와 신앙에 기초를 둔 속죄 가운데 신유의 준비를 발견하였고, 그의 질병은 과로로 인해 주어졌다는 자신의 믿음을 반복하였다.[556] 따라서 카우만의 신유를 통한 치유 상담 선교는 영혼뿐만 아니라 육체에 대한 완전한 치유를 의미하는 전인적인 구원을 의미하기 때문에 회개와 믿음에 기초하여 속죄 안에서 신유는 날마다 강조해야 할 것이다.[557]

에네스트 킬보른의 신유를 통한 치유 상담 선교

에네스트 킬보른(Ernest A. Kilbourne, 1865~1928) 선교사는 1865년 3

월 13일 캐나다 온타리오의 나이가라에서 태어났다. 그는 동양선교회 창립자 중에 제일 늦게 참여하였다. 카우만과 동경성서학원 (東京聖書學院) 원장인 사사오 데즈사브로(笹尾鐵三郎, 1868~1914) 보다 3살, 나까다 쥬지 보다는 5살이 많았다. 그러나 항상 조용한 성격이었던 그는 결코 자기를 더러 내지 않고 묵묵히 맡겨진 일을 감당하였다. 그 뒤에 그는 네바다(Nevada)주에서 시카고(Chicago)로 자리를 옮겨서 직장생활을 하는 중에 카우만을 만나게 된다.[558] 그와 만남은 킬보른의 생애에 큰 전환점을 갖게 만들어 주었다.

킬보른은 신유에 대하여 말하기를, "첫째, 예수 그리스도께서는 오늘날에도 병을 고치신다. 둘째, 질병의 고침은 예수 그리스도께서 행하신 역사의 대부분으로서 그가 오신 이유의 일부분이다. 셋째, 질병 가운데 어려움을 당할 때 세상 의원의 도움을 구하기 전에 하나님께 먼저 나아가야 한다. 마지막으로 넷째, 교회에서 신유의 역사를 행할 때 사용한 세 가지 방법은 신유의 은사를 가진 자나 장로들의 기도, 그리고 자기 자신의 간절한 기도이다"라고 하였다.[559] 따라서 킬보른의 신유를 통한 치유 상담 선교는 예수님의 지상 사역 중 대부분을 차지하는 것으로 질병을 고친 일이 예수님이 이 땅에 오신 이유의 일부분이었다. 그러나 복음의 단순성으로 돌아가 오늘날에도 하나님이 질병을 치유하신다고 주장해야 하며, 신유를 구원의 결과와는 연관시키지 않아야 할 것이다.[560]

한국교회의 치유 상담 선교 방법론

점차 증가하고 있는 육체적, 심리적, 영적, 사회적 문제를 가지고 있는 한국교회 신자들을 교회가 어떻게 사명을 감당해야 하는지의 문제는 현대교회가 갖고 있는 심각한 과제다. 교회는 병원이 아니고, 상담소 및 심리 치유소가 아니라는 이유로 인해 이들을 무책임과 무관심 속에서 방치할 수가 없다. 이에 대한 분명한 대안을 가지고 있어야 한다.[561] 한국교회를 통한 치유 상담 선교는 단순히 영혼의 문제를 넘어 개인적인 몸과 더불어 공동체적인 몸의 치유와 회복을 주제화함으로써 신유가 전 세계적 차원에서 치유 상담 선교 방법론으로 전개될 수 있는 가능성을 열어 주었다.[562] 이러한 신유 역시 육체적인 질병의 치유만이 아니라 심리적 치유는 물론 문화와 사회적 치유도 고려해야 할 것이다.[563] 따라서 한국교회를 통한 치유 상담 선교 방법론에 있어서 김상준의 신유, 김응조의 신유, 이성주의 신유를 통한 치유 상담 선교에 대하여 살펴보고자 한다.

김상준의 신유를 통한 치유 상담 선교

초대 한국교회의 목회자인 김상준(金相濬, 1881~1933)은 동경성서신학원의 졸업생으로 후에 서울신학대학교의 전신인 경성성서학원을 설립하였다. 그의 신유 이해는 초가 한국교회의 신유 이해라고 볼 수 있다.[564] 김상준은 1921년 출간한 『사중교리』(四重教理)라는 책에서 신유에 대하여 말하기를, "첫째, 신유는 의약을 쓰지 않고 다만 믿음으로 기도하여 병 고침을 받는 일이다. 둘째, 신유는 순전한 진리요, 미신이나 사마의 능력이 아니다. 만일 신유가 미신이되면 사죄를 믿는 신앙도 동일한 미신이라고 할 수 있다. 마지막으로 셋째, 신유는 타물을 일체 의지 하지 않고 하나님만 의뢰하며 세상의 의약을 사용치 않는 것을 말하나, 병든 자의 신앙에 따라서 행해져야 할 것이며, 절대적으로 절금하는 것이 아니다. 따라서 의약을 의지하는 자들을 대하여 비평하지 말아야 한다"라고 하였다.[565]

이러한 김상준의 신유는 오로지 믿음으로 기도하여 병 고침을 받는 것뿐만 아니라 좀 더 유연성을 가지고 의약을 사용할 수 있다는 것을 열어 놓고 있다.[566] 김상준에게서 신유는 신유의 목회와 선교에 미치는 영향에 관한 언급이며, 신유의 역사는 영혼을 사랑하는 전도에서 하나님의 역사에 대한 하나의 증거로 따른다고 보았다.[567] 따라서 김상준의 신유를 통한 치유 상담 선교는 오늘날의 목회 현장과 선교 현장에도 동일하게 적용된다는 것이다.

김응조의 신유를 통한 치유 상담 선교

성결대학교 설립자 영암(靈岩) 김응조(金應祚, 1896~1991) 목사는 신유를 체험한 것으로 널리 알려져 있다. 그는 1920년 10월에 첫 임지인 강원도 철원교회 시무를 시작으로 1926년 4월에 목사 안수를 받고, 1930년 5월 목포로 내려가기까지 10년 동안 70여 교회를 개척하고 북부지방 감리 목사와 만주 봉천을 중심으로 하여 만주 전도 등 자신의 건강을 돌볼 겨를 없이 복음 사역에 혼신을 다했다. 하나님의 사명에는 성공했지만 그의 심신은 지칠 대로 지쳐 있었고, 자신도 모르는 사이에 심각한 질병에 시달리고 있었다.[568] 그는 교단 본부의 배려로 인해 목포지역에서 폐렴으로 요양하면서 목포교회에서 목회 활동을 하였다.[569]

하지만 열악한 환경으로 그의 병은 더욱 깊어졌다. 그런 절망적인 상황에서 1930년 9월 10일 유달산을 찾아 아침 5시부터 저녁 7시까지 100일 동안을 기도하였다. 넓은 바위가 갈라지며 그 안에서 옥백수 같은 생수가 돌아서 올라와 그가 앉은 자리까지 넘쳤고, 그의 마음에 무엇인가 꽉 찬 느낌을 받았다. 그 순간 하나님께서 그의 몸을 보여 주셨는데 몸이 유리알같이 맑아졌으며, 정신을 차려보니 환상이었다. 그때부터 그의 마음과 몸에 큰 변화가 생겼는데, 마음에는 기쁨과 사랑, 능력과 소망이 솟아올랐다. 그는 감사의 기도를 올리며 일어서니 심신이 뜨거워졌고, 뛰면서 찬송을 부르며 감사하였다. 그는 이러한 신유 체험을 통해 성대가 완전하게 되어 설교를 많이 해도 목이 변하지 않는 복을 누렸다.[570] 또한 그는 서울 행촌동에서 성결교신학교(현 성결대학교)를 지으면서 과로로 목에 혹이 났는데, 하나님께 기도하여 치유받았다. 이것뿐만 아니라 여러 질병에서 치유 받음으로써 신유의 능력을 체험하였다.[571] 그가 신유를 체험한 후에 새로운 능력을 받아 백일동안 새벽 기도, 낮 성경 공부, 밤 구령회 등 대 부흥회를 인도한 것도, 그리하여 10명의 성도에서 120명으로 배가시킨 것도 육신의 구원을 통하여 영혼이 새 힘을 얻게 된 결과다.[572]

그는 신유에 대하여 말하기를, "첫째, 의약을 쓰지 않고 믿음의 기도를 통하여 병자를 침상에서 일으키는 능력을 신유로 정의한다. 둘째, 모든 질병으로부터 치유권은 하나님께만 있고, 인간의 의학적인 기술과 간호는 보조적인 것이다. 마지막으로 셋째, 질병의 원인이 죄인의 경우에는 주께서 먼저 죄를 사해주시고, 그 결과인 병까지 사해 주신다"라고 하였다.[573] 또한 김웅조는 수많은 그의 설교에서도 치유에 대하여 강조하고 있다. 그중에『사막의 생수』라는 그의 저서를 보면, 치유 설교에 대하여 말하기를, "나의 고백이라는 설교에서 성령은 내 상한 심령을 치료하셨다"라고 설교하였다.[574] 그리고 하나님의 말씀은 심령의 병든 자를 치유하시며, 영과 육, 혼을 치료하신다고 설교하였다.[575] 그는『하늘의 만나』라는 저서에서도 "하나님의 말씀으로 마음의 병적인 것을 발견하고 말씀으로 수술하여 심령을 고쳐야 한다"라고 설교하였다.[576] 이렇게 예배에서 치유 설교의 비중은 매우 크기 때문에 설교 중에 영적 치유와 내적 치유, 그리고 귀신 추방당하는 역사가 강하게 일어나며, 육체적 치유도 따라온다.[577] 따라서 김웅조의 신유를 통한 치유 상담 선교는 육체적 치유뿐만 아니라 몸과 마음, 영혼과 마음의 치유까지도 포함하며, 하나님의 보호하심으로 연약한 몸을 가지고도 병들지 않고 건강을 유지하는 것을 포함하고 있다. 즉, 병들지 않고 건강한 것 또한 하나님의 능력이 수반되는 치유의 행위라고 보는 것이다.[578]

이성주의 신유를 통한 치유 상담 선교

성결대학교 조직신학 교수를 지낸 이성주(李成周)는 신유를 일반 신유와 특별 신유로 구분하여 해석하였다. 이성주는 신유에 대하여 말하기를, "첫째, 일반 신유는 하나님의 보호로 연약한 몸을 가지고 병들지 않고 건강하게 생활하는 것이다. 그러므로 인간의 육체가 각종 병균으로부터 침해를 받아 가면서도 질병에 걸리지 않고 하루하루 건강하게 살아가는 것은 신유의 이적이라고 생각할 수 있다. 둘째, 특별 신유는 하나님의 능력을 믿고 기도함으로써 병 고침 받는 것을 의미한다. 신유는 하나님의 초자연적인 능력이 병자에게 임하여 이루어지는 것으로 치유를 받은 병자 자신도 설명하기 어려운 오묘한 진리이며, 하나님의 권한에 속한 신비한 복음이라 할 수 있다. 이처럼 특별 신유의 역사는 하나님의 능력으로 치유되는 것이다"라고 하였다.[579] 따라서 이성주의 신유를 통한 치유 상담 선교는 인간의 영혼과 몸을 치유하기 위한 것인데, 그것은 예수님의 복음이 치유하는 복음이기 때문에 신유의 역사는 복음과 같이 주님 오실 때까지 계속 치유될 것이다.[580]

…

결론적으로, 치유 상담 선교 방법론의 대안에 대하여 살펴보았다. 사실 한국교회를 통한 치유 상담 선교 방법론은 세계의 선교 현장과 한국교회의 목회 현장에서 부정적인 선입견과 약화는 현장에서 분명히 드러나고 있다.[581] 실제 이러한 부정적인 선입견과 약화는 세 가지 이유를 꼽을 수 있다. 첫째, 의학이 지나치게 발전했다는 것이다. 둘째, 신유를 주장하거나 기도하고 현상적으로 신유가 나타나지 않는 경우에 대한 불안이다.[582] 마지막으로 셋째, 치유 상담자인 목회자 자신의 확신 부족이다.[583] 그럼에도 불구하고 신유는 오늘날 치유공동체인 교회가 모두 외면할 수 없는 예수님께서 행하신 치유 상담 선교 방법론으로서의 사역이다. 그래서 한국교회를 통한 신유는 치유 상담 선교 방법론을 소외시키거나 외면해서는 안 될 것이다.

한국교회의 신유는 성경적이며, 신학적일 뿐만 아니라 역사적인 것이다. 신유에 대한 총체적인 이론과 실제를 체험하고 있는 치유 상담자인 선교사와 목회자는 내담자인 신자들에게 치유 상담을 포함한 목회적 돌봄을 제공하는 자요, 내담자는 치유상담자로부터 육체적, 심리적, 영적, 사회적으로 질병에 대한 것도 목회적 돌봄을 제공받는 자다.[584] 현대 시대에 내담자가 겪게 되는 것은 성경적인 문제나 교리적인 문제가 아니라 우울증, 불안, 공포, 망상, 분노,

강박감, 중독 등을 포함한 심리적 문제, 이혼, 외도, 동성애, 홀로된 가족, 이른바 국제결혼이라는 다문화 가족 등의 문제에 대해서 교회가 치유해야 하고 다루어야 할 주제가 너무 많다. 현대 목회 현장과 선교 현장에서 선교사와 목회자는 신자들로부터 이러한 모든 문제를 적절히 해결해 줄 것을 요구받고 있다.[585]

그래서 예수님의 3대 사역은 교육(teaching)과 전도(preaching), 치유(healing)라는 사실을 통해 치유 상담 선교 방법론에 있어 예수님이 하신 사역이 얼마나 중요한지를 가늠할 수 있다.[586] 하지만 치유 상담 선교 방법론이 의학적 치유나 심리학적 접근을 배제하고 신유만을 강조한다면, 전인적인 인간 치유에 심각한 편견과 불균형이 생기며, 반대로 치유를 의학에만 맡겨 놓아서도 불균형이 생긴다. 이제 한국교회를 회복하는 길은 한국성결교회가 신유의 활성화에 있다고 보며, 신유는 곧 성령 운동이기 때문이다.[587] 따라서 목회자와 선교사는 이러한 치유 상담 선교 방법론의 대안인 신유에 대하여 충분한 이해가 필요하며, 주님 오실 때까지 이러한 방법론을 갖고 목회 현장과 선교 현장에서 실천적으로 신유를 강조해야 할 것이다.

BIBLIOGRAPHY

참고문헌

가족치유상담연구원. "집단상담프로그램". http://cafe418.daum.net/_c21_/bbs_
　　　search_read?grpid=yzyP&fldid=OS92&contentval=00005zzzzzzzzzzzzz
　　　zzzzzzzzzzzz&nenc=&fenc=&q=&nil_profile=cafetop&nil_menu=sch_
　　　updw.

강경미. 『예수님의 치유사역과 21C 총체적 치유선교전략』. 서울: 동문사, 2011.

강남대학교 신학대학 편. 『종교와 영성』. 서울: 한들출판사, 1998.

강병호. "포르투갈 사역보고(1)". 「2000년 세계선교대회 선교전략회의 자료집」
　　　(2000).

강성열. "구약성경이 말하는 치유". 「그말씀」 287 (2013).

강승삼. "영적 전쟁의 신학적인 기초와 실재". 「세계선교」28 (1996).

국민일보 2013년 01월 24일자.

국민일보 "최근 방한한 美 내적 치유 전문가 찰스 크래프트 박사". http://news.
　　　kukinews.com/article/view.asp?page=1&gCode=kmi&arcid=0000765640
　　　&cp=du.

권양순. "상담학적 관점에서 본 영성과 치유". 「치유와 선교」 3 (2011).

기독교대한성결교회. 『헌법』. 서울: 기독교대한성결교회 출판부, 1996.

김경수. 『성경적 목회상담 이론과 실제』. 용인: 도서출판 목양, 2011.

김동수·차준희. 『효와 성령』. 서울: 한들출판사, 2002.

김명용. "사회 세상을 위한 성령의 활동". 「성경과 신학」 20 (1996).

김문수. "태국 사역보고(2)". 「2000년 세계선교대회 선교전략회의 자료집」(2000).

金相濬.『四重敎理』. 京城: 東洋宣敎會 聖書學院, 1921.

김상복. "목회에 있어서의 목회상담을 통한 전인치유사역".「개혁주의교회성장」
    3 (2008).

김성환.『사도행전의 교회 부흥 해부학』. 서울: 하늘기획, 2011.

김승일 · 김은희. "정신지체아를 위한 음악치료 방법 연구".「조선대 특수교육원」
    4 (2001).

김영아 · 안 석. "성서를 활용한 독서치료를 경험한 중년남성의 사례분석: 정신
    역동적 관점에서".「한국기독교상담학회지」24 (2012).

김예식.『생각을 바꾸기를 통한 우울증치료: 인지치료의 목회상담 적용』. 서울:
    한국장로교출판사, 1998.

김용태.『가족치료이론』. 서울: 학지사, 2000.

김용태.『통합의 관점에서 본 기독교 상담학』. 서울: 학지사, 2006.

김응조.『사막의 생수』. 서울: 성청사, 1969.

김응조.『聖書大講解 12권』. 서울: 성청사, 1981.

김응조.『은총 90년』. 서울: 성광문화사, 1983.

김응조.『하늘의 만나』. 서울: 성청사, 1976.

김응조.『황야의 과객』. 서울: 성청사, 1968.

김원형 · 남승규 · 이재창.『인간과 심리학』. 서울: 학지사, 2003.

김준수. "기독교 상담의 역사".「복음주의 기독교상담학」(2004).

김종활. "독서지도가 인성개발에 미치는 영향에 관한 연구".「석사학위 논문」경
    주: 경주학교 행정경영대학원, (2000).

김지찬.『요단강에서 바벨론 물가까지』. 서울: 생명의말씀사, 1999.

김지철.『마가의 예수』. 서울: 한국성서학연구소, 1995.

김찬기 편저. "여호와 라파".「치유와 선교」4 (2011).

김홍찬.『기독교 상담과 치유』. 서울: 우성문화사, 1997.

김희성. 『부활신앙으로 본 신약의 성령론』. 서울: 대한기독교서회, 2000.

고희준. "복음적 신유론과 장애인 신학". 「박사학위논문」.안양: 성결대학교 일반대학원, (2011).

네이버 지식백과. "아노미 현상". http://terms.naver.com/entry.nhn?cid=472&docId=659747&mobile&categoryId=472.

노세영. "구약의 치유(라파)". 「설교뱅크」(2012, 11월).

노윤식. "사중복음의 선교 신학적 고찰". 「한국성결교회와 사중복음」(1998, 11월).

노윤식. "선교현장의 영적 전쟁에 대한 선교신학적 고찰". 「神學 自然科學篇」 32 (2003).

대구예술대학교 예술치료센터. "미술치료". http://artscare.co.kr/Program/Program02.asp.

동대문가정폭력상담소. "환경치료". http://cafe451.daum.net/_c21_/bbs_search_read?grpid=18gXS&fldid=RTOa&datanum=760&contentval=&docid=18gXS%7CRTOa%7C760%7C20120319143138&q=%C0%DB%BE%F7%C4%A1%B7%E1.

배본철. "한국 오순절 성령운동의 역사와 전망: 성령론 논제들의 발생과의 연관성". 「영산신학저널」 29 (2013).

브리태니커. "이드(id)". http://100.daum.net/encyclopedia/view.do?docid=b17a3139a.

브리태니커. "typology". http://enc.daum.net/dic100/contents.do?query1=b17a1901a.

류혜옥. "기독교상담의 정체성과 사회적 과제". 「신앙과 학문」 12 (2007).

문희경. 『대상관계이론과 목회상담』. 서울: 도서출판 대서, 2007.

명성훈. 『하늘 문을 여는 중보기도 전략 52가지』. 서울: 국민일보, 1999.

민성길. 『최신정신의학』. 서울: 일조각, 2004.

목창균. 『성결교회 교리와 신학』. 서울: 대한기독교서회, 2012.

박두병. 『알기 쉬운 일반정신의학』. 서울: 도서출판 하나의학사, 1996.

박명수. 『초기한국성결교회사』. 서울: 대한기독교서회, 2001.

박수암. "성령에 대한 신약신학적 고찰". 「그말씀」 276 (2012).

박수암. "신약성경이 말하는 치유". 「그말씀」 287 (2013).

박용준. "사회치유에서 NGO의 역할". 「제6차 아세아연합신학대학교 대학원 치유선교학과 심포지움 자료집」 (2003).

박용천. 『한국교회와 정신건강: 정신의학 분야에서 본 정신건강의 실태』. 서울: 장로회신학대학교 출판부, 1998.

박윤수. 『치유상담의 이론과 실제』. 서울: 도서출판 경성기획, 1994.

박준배. 『상담치료학』. 서울: 브니엘 출판사, 2001.

박현순. 『공황장애』. 서울: 학지사, 2000.

박형렬. 『통전적 치유목회학』. 서울: 도서출판 치유, 1994.

박형렬. 『치유선교론』. 서울: 도서출판 나임, 1993.

반신환. "기독교 영성의 관점으로 살펴보는 기독교상담의 정체". 「한국기독교상담심리치료학회지」 7 (2004).

서울신학대학교 성결교회신학연구위원회. 『성결교회신학개요』. 부천: 기독교대한성결교회 출판부, 2007.

성결교회와 역사연구소 편. 『신유』. 서울: 도서출판 바울서신, 2002.

성결대학교 기독교 교양과목위원회. 『이야기 기독교』. 안양: 성결대학교출판부, 2000.

손석원·김오복. 『현대 사회복지선교의 이해』. 군포: 도서출판 잠언, 2005.

손영구. 『신유의 이해』. 서울: CLC, 1990.

송중복. "예수의 상담원리 연구: 비지시적 상담을 중심으로". 「석사학위논문」 서울:고려대학교 교육대학원, (1976).

신명숙.『기독교 상담』. 서울: 학지사, 2010.

신현우. "공관복음서에 나타난 치유와 축귀의 신학적 의미".「개혁신학」22 (2010).

심수명.『기독교 상담과 인지치료의 통합적 접근 인격치료』. 서울: 학지사, 2004.

심수명.『기독교 상담자를 위한 상담의 과정과 기술』. 서울: 도서출판 다세움, 2012.

심수명.『인격치료』. 서울: 학지사, 2004.

안명현. "신유(초자연지유)와 자연치유".「석사학위논문」양평: 아세아연합신학대학교대학원, (1996).

안 석.『정신분석과 기독교상담』. 서울: 인간희극, 2010.

안석모.『목회상담이론 입문』. 서울: 학지사, 2009.

양희원 · 김미경. "집단 미술치료가 만성 정신분열증 환자의 인지 및 지각 능력에 미치는 효과".「복음과 상담」20 (2013).

여성가족부. "다문화가족지원센터 상담체계 활성화를 위한 운영매뉴얼 개발 연구보고서".「다문화」(2010, 9월).

위키백과. "심리학". http://ko.wikipedia.org/wiki/%EC%8B%AC%EB%A6%AC%ED%95%99.

위키백과. "이기심", http://enc.daum.net/dic100/contents.do?query1=10XX355506.

위키백과. "치유". http://ko.wikipedia.org/wiki/%EC%B9%98%EC%9C%A0.

이기성. "영산 인간론의 영과 혼의 개념".「영산신학저널」11 (2007).

이기춘. "기독교 치유와 영성".「기독교사상」(1988, 4월).

이근매 · 정광조.『미술치료개론』. 서울: 학지사, 2005.

이동원.『중보기도 사역론』. 서울: 나침판 출판사, 2000.

이만호.『아스피린과 기도』. 서울: 도서출판 두란노, 1991.

이명직.『조선예수교 동양선교회 성결교회약사』. 안양: 성결대학교 출판부, 2010.

이범석.『비블리오 드라마』. 파주: 한국학술정보, 2008.

이병철.『신약성서신학사전Ⅲ』. 서울: 브니엘 출판사, 1987.

이성주.『기도의 신학』. 안양: 도서출판 잠언, 2002.

이성주.『성결교회 신학』. 서울: 문서선교 성지원, 2004.

이성주.『조직신학 제3권』. 안양: 성결대학교 출판부, 1991.

이성호.『성구대사전』. 서울: 혜문사, 1983.

이승구.『기독교 세계관이란 무엇인가?』. 서울: SFC, 2003.

이영식.『독서치료 어떻게 할 것인가』. 서울: 학지사, 2006.

이영하 · 최광현. "가족각본의 목회상담 적용에 대한 연구".「복음과 상담」20 (2013).

이응호.『한국성결교회 논집』. 서울: 성청사, 1987.

이재완.『선교와 영적전쟁』. 서울: CLC, 2011.

이현모.『현대선교의 이해』. 대전: 침례신학대학교 출판부, 2000.

이현주.『이상 행동의 심리학』. 서울: 대왕사, 1978.

이훈구.『성경적 치유 사역』. 서울: 은혜출판사, 2003.

이훈구.『21세기 선교신학의 성경적 재구성』. 고양: 올리브나무, 2012.

임성빈. "멘붕에 빠진 한국 사회와 기독교적 힐링".「목회와신학」285 (2013).

임희모. "아프리카 토착 교회를 중심으로 한 치유와 선교".「치유와 선교」4 (2000).

옥한흠.『전쟁을 모르는 세대를 위하여』. 서울: 국제제자훈련원, 2003.

유재성. "한국인의 공동체적 의식과 목회상담적 자기성찰".「성경과 상담」3 (2003).

유화자.『영적 전쟁과 치유』. 서울: 기독교개혁신보사, 2005.

예성신학정립 편찬위원회.『예성신학의 이해와 신조 해설』. 서울: 예수교대한성결 교회 총회, 2010.

장보웅 편저. Logos Bible-Dictionary of The Greek Bible. 서울: 로고스, 1991.

전요섭. 『기독교상담의 실제』. 안양: 한국복음문서간행회, 2001.

전요섭. 『기독교 상담의 이론과 실제』. 서울: 좋은나무, 2001.

전요섭. 『기독교 치유와 휴지주의』. 안양: 성결대학교 출판부, 2004.

전요섭. "100년 한국성결교회의 목회분석과 전망". 「영암국제학술회의 논문집」 2 (2000).

전요섭. "변화의 주체로서 성령의 사역에 대한 기독교상담적 이해". 「복음과 상담」 3 (2004).

전요섭. 『부정적인 감정 45가지 심리치료와 회복을 위한 심리상담 - 마음다 스리기』. 서울: 쿰란출판사, 2007.

전찬원. 『기독교상담심리학』. 서울: 도서출판 토기장이, 1996.

정보철. 『목회상담학자의 바울읽기』. 서울: 쿨람출판사, 2010.

정상운. "사중복음의 역사적 유래". 「한국성결교회와 사중복음」 (1998, 11월).

정상운. "성령과 치유". 「그말씀」 276 (2012).

정상운. 『한국성결교회사(Ⅰ)』. 서울: 은성, 1997.

조갑진. "서울신학대학교 신학의 과거와 현재, 그리고 미래". 「21세기와 서울신학 대학교 개교 90주년 기념 학술논문집」 (2002).

조갑진. 『신약과 성결교회』. 서울: CLC, 2007.

조귀삼. 『A.B. 심슨의 선교신학』. 서울: 도서출판 예닮마을, 2004.

조두만. 『히·헬·한글성경대사전』. 서울: 성지사, 1987.

차정식. "네가 낫고자 하느냐?". 「설교뱅크」 (2012, 11월).

차준희. "구약의 영 이해". 「성경과 신학」 20 (1996).

채은수. "영적 전쟁". 「세계선교」 28 (1996).

채은수. 『통문화 상담』. 서울: 총신대학교 선교대학원, 1995.

최은영. "기독교상담학연구". 「한국기독교상담심리치료학회지」 창간호 (2001).

土肥昭夫.『일본기독교사』. 김수진 역. 서울: 기독교문사, 1991.

한국기독교학회 선교신학회 편.『치유와 선교』. 서울: 다산글방, 2000.

한국성결교회연합회 신학분과위원회 편.『이명직·김응조 목사 생애와 신학사상』.
　　서울: 도서출판 바울서신, 2002.

한국성결신문 2011년 12월 07일자.

漢大新聞 2012년 09월 03일자.

한국음악치료사협회. "음악치료사". http://musictherapy.co.kr/02/01.php.

힐빙월드 & 자연치유의 메카. "영성과 치유". http://blog.daum.net/
　　healbeing/130.

현길언.『문학과 성경』. 서울: 한양대학교 출판부, 2002.

홍경자.『자기이해와 자기지도력을 돕는 상담의 과정』. 서울: 학지사, 2001.

홍기영. "인간의 치유와 예수의 선교".「치유와 선교」4 (2000).

홍성철.『사도 바울 그의 정사와 권세』. 서울: 은혜출판사, 2007.

홍영기.『중보기도 군사들아』. 서울: 교회성장연구소, 2005.

홍종국.『영암 김응조 목사의 성결·성화론: 나는 심령이 살았다』. 서울: 한들출판
　　사, 2011.

황규명. "기독교 상담의 정체성".「복음주의 기독교상담학」(2004).

Adams, Jay E. *Competent to Counsel*. Grand Rapids: Zondervan, 1970.

Adams, *Shepherding God's Flock*. Grand Rapids: Zondervan, 1975.

Arnold, Clinton E. *3 Crucial Questions about Spiritual Warfare*. Michigan:
　　Baker Books, 1997.

Anderson, Neil T. *Victory over the Darkness*. California: Regal Books, 1990.

Anderson, *The Bondage Breaker*. Eugene: Harvest House, 1990.

Augsburger, David W.『문화를 초월하는 목회상담』. 임헌만 역. 서울: 도서출판
　　그리심, 2005.

Bailey, Keith M. *Bringing Back the King*. Nyack: Christian and Missionary Alliance, 1985.

Bakers, William. 『부정적 감정을 치유하는 자기 고백 워크북』. 김재서 역. 서울: 도서출판 예찬사, 1994.

Barth, Karl. *Church Dogmatics Vol 3*. Edinburgh: T.&T. Clark, 1961.

Berkhof, Louis. 『조직신학(상)』. 권수경·이상원 역. 서울: 크리스챤다이제스트, 1991.

Bobgan, Martin & Bobgan, Deidre. 『영혼치료상담』. 전요섭 역. 서울: 기독교문 서선교회, 2008.

Bonhoeffer, Dietrich. *Creation and Fall*. New York: MacMillan, 1967.

Bradshaw, Bruce. *Bridging the Gap: Evangelism, Development and Shalom*. Monrovia: MARC, 1993.

Brown, M. L. *TDOT Vol. 13*. Grand Rapids: Eerdmans, 2001.

Bruscia, Kennith E. *Defining Music Therapy*. NH: Barcelona Publishers, 1989.

Calvin, John. *Institutes of the Christian Religion, Book III*. Grand Rapids: Eerdmands Publishing Company, 1983.

Capps, Donald. 『인간 발달과 목회적 돌봄』. 문희경 역. 서울: 도서출판 이레서 원, 2001.

Chappell, Paul G. *Evangelical Dictionary of Theology*. Grand Rapids: Baker, 1984.

Collins, Gray R. 『기독교 상담과 인간성장』. 정석환 역. 파주: 한국학술정보, 2002.

Collins, 『기독교 상담 사례 연구』. 정태기 역. 서울: 도서출판 두란노, 1996.

Collins, 『뉴 크리스천 카운슬링』. 한국기독교상담·심리치료학회 역. 서울: 도서출판 두란노, 2008.

Collins, 『폴 투르니에의 기독교 심리학』. 정동섭 역. 서울: 한국기독학생회출판부, 1998.

Corey, Gerald. 『상담학 개론』. 오성춘 역. 서울: 장로회신학대학교 출판부, 2002.

Cosgrove, Mark P. 『분노와 적대감』. 김만풍 역. 서울: 도서출판 두란노, 1997.

Dal, Salvador. 『살바도르 달리』. 이은진 역. 서울: 이마고, 2002.

Derouin, Anne. and Bravender, Terrill. *"Living on the Edge: The Current Phenomenon of Self - Mutilation in Adolescents".* *The American Journal of Maternal Child Nursing 29.* January - February 2004.

Dunn, James D. G. *The Acts of the Apostles.* Pensylvania: Trinity Press International, 1996.

Egan, Gerald. *Face to Face.* CA: Brooks/Cole Publishing, 1973.

Egan, *The Skilled Helper.* Belmont: Wadsworth Publishing Company, 1975.

Eliad, Mircea. *Shamaism: Archaic Techniques of Ecstasy.* New York: Bollingen Foundation, 1964.

Foster, Richard J. 『기도』. 송준인 역. 서울: 도서출판 두란노, 1995.

Gleiman, Henry. 『심리학』. 장현갑 · 안신호 · 이진환 · 신현정 · 정봉교 · 이광오 · 도경수 공역. 서울: 시그마프레스, 1999.

Grenz, Stanley J. 『조직신학』. 신옥수 역. 서울: 크리스챤다이제스트, 2003.

Hamilton, James D. *The Ministry of Pastoral Counseling.* Grand Rapids: Baker, 1972.

Harris, Laird R. *Theological World Book of the Old Testament,* vol. 1. Chicago: Moody, 1980.

Hayford, Jack W. *Prayer Is Invading the Impossible.* New York: Ballantine Books, 1983.

Hiebert, Paul G. *Anthropological Reflections on Missiological Issues.* Grand Rapids:

Baker Books, 1994.

Hill, Clara E. 『상담의 기술』. 주은선 역. 서울: 학지사, 2001.

Horton, Stanley M. 『성경이 말하고 있는 성령』. 영산연구원 역. 서울: 서울서적, 1994.

Johnson, Sherman. *The Interpreter's Bible*, vol. II. Nashville: Abingdon, 1951.

Jones, Charles Edwin. *A Guide to Study of the Holiness Movement*. Metuchen:the Scarecrow Press, 1974.

Jones, Ian F. 『성경적 기독교 상담』. 임윤희 역. 서울: 학지사, 2010.

Kelsey, Morton T. 『치유와 기독교』. 배상길 역. 서울: 대한기독교출판사, 1986.

Kelsey, Morton T. *Prophetic Ministry*. New York: Crossroad, 1982.

Kemp, Charles F. *A Pastoral Counseling Guidebook*. Nashville: Abingdon Press,1971.

Kilbourne, E. A. "東洋宣敎會가 가라치는 사중복음(三)". 「活泉」78 (1929).

Kornfeld, Margaret. *Cultivating Wholeness*. New York: Continuum, 1998.

Kraft, Charles H. 『능력 그리스도교』. 이재범 역. 서울: 도서출판 나단, 1992.

Kraft, White, Tom. Murphy Ed. & Others, 『영적 전투에서 승리하라』. 장미숙 역. 서울:도서출판 은성, 1995.

Lartey, Emmanuel Y. 『상호문화 목회상담』. 문희경 역. 서울: 도서출판 대서, 2011.

Lewis T. & Lewis, B. *Missionary Care*. Pasadena: William Carey Library, 1992.

MacArthur, John. 『진리전쟁』. 신성욱 역. 서울: 생명의말씀사, 2007.

Macnutt, Francis S. 『치유』. 변진석·변창욱 역. 서울: 도서출판 무실, 1992.

Maurer, Andreas. 『무슬림 전도학 개론』. 이승준·전병희 역. 서울: CLC, 2011.

May, Rollo R. The Art of Counseling. Nashville: Abingdon, 1967.

Meier, Paul D외 공저. 『기독교 상담심리학 개론』. 전요섭 외 5명. 서울: CLC,

2004.

Meyer, Joyce.『슬픔대신 화관을』. 최기운 역. 서울: 베다니출판사, 1997.

Moore, Joseph.『비전문 상담자를 위한 상담학』. 전요섭 역. 서울: 은혜출판사, 2010.

Murphy, Edward F. *The Handbook for Spiritual Warfare*. Tennessee: Thomas Nelson   Publishers, 1992.

Murray, Andrew.『하나님의 치유』. 김태곤 역. 서울: 생명의말씀사, 2009.

Myers, David G.『심리학의 탐구』. 김유진 · 민윤기 역. 서울: 시그마프레스, 2007.

Narramore, Bruce & Counts, Bill.『죄책감으로 고통받는 이를 위하여』. 권명달 역. 서울: 보이스사, 1994.

Neill, Stephen. Anderson, Gerald H. *Goodwin, John. Concise Dictionary of the Christian World Mission*. Nashvill: Abingdon, 1971.

Oden, Thomas C.『케리그마와 상담』. 이기천 · 김성민 역. 서울: 전망사, 1986.

Patterson, Ben.『목회자의 기도는 어떻게 응답되나?』. 김창대 역. 서울: 작은행복, 2000.

Pearson, Mark.『치유의 은사를 베푸시는 하나님』. 윤수민 역. 서울: 은성사, 1996.

Pruyser, Paul W.『생의 진단자로서 목회자』. 이은규 역. 서울: 도서출판 동서남북, 2000.

Rekers, George A.『가정 상담』. 오성춘 역. 서울: 도서출판 두란노, 1996.

Rommen, Edward. *Spiritual Power and Missions*. Pasadena: William Carey Library, 1995.

Saussy, Carroll. *The Gift of Anger: A Call to Faithful Action*. Kentucky: Westrminster John Knox Press, 1995.

Simpson, Albert B. 『사중의 복음』. 손택구 역. 서울: 예성출판부, 1980.

Simpson, *The Four-Fold Gospel*. New York: Christian Alliance Publishing, 1925.

Simpson, *The Gospel of Healing*. Harrisburg: Christian Publication, 1915.

Snyder, Howard A. 『21세기 교회의 전망』. 박이경 · 김기찬 역. 서울: 아가페출판사, 1993.

Stanger, Frank B. 『위대한 의사 예수』. 배상길 역. 서울: 도서출판 나단, 1992.

Sundermier, Theo. "구원과 치유". 「선교와 디아코니아」 4 (2002).

Thompson, A. E. *A. B. Simpson*. Harrisburg: Christian Publication, 1960.

Thompson, Bruce & Thompson, Barbara. 『내 마음의 벽』. 허광일 역. 서울: 도서출판 예수전도단, 1993.

Tillich, Paul J. *Systematic Theology Vol 3*. London: Nisber, 1968.

Tippett, Alan R. *The Earth Hear His Voice*. World Wide Publications: Minneapolis, 1975.

Tournire, Paul. 『죄책감과 은혜』. 추교석 역. 서울: 한국기독학생회출판부, 2001.

Von Rad, Gerhard. 『구약성서신학(1)』. 허혁 역. 왜관: 분도출판사, 1976.

Wagner, C. Peter. 『방패기도』. 명성훈 역. 서울: 도서출판 서로사랑, 1997.

Wagner, C. Peter. 『신학대학에서 배우지 않는 일곱 가지 능력원리』. 홍용표 역. 서울: 서로사랑, 2002.

Wagner, C. Peter. 『여신과의 영적 대결』. 권지영 역. 서울: 쉐키나 출판사, 2008.

Wagner, C. Peter. *Signs and Wonder Today*. Altamonte Springs: Creation House, 1987.

Wagner, C. Peter. *Trends and Topics in Teaching Power Evangelism: in Wrestling with Dark Angels*. Ventura: Regal Books, 1990.

Warner, Timothy M. *Spiritual Warfare*. Illinois: Crossway Books, 1991.

Wagner, William. 『이슬람의 세계 변화 전략』. 노승현 역. 서울: APOSTOLOS PRESS, 2007.

Weiten, Wayne. 『심리학』. 김시업 역. 서울: 문음사, 1994.

Wessel, Walter W. *Baker's Dictionary of Practical Theology*. Grand Rapids: Baker, 1960.

Wilber, Ken. 『통합심리학』. 조옥경 역. 서울: 학지사, 2008.

Wilkinson, John. 『성경과 치유』. 김태수 역. 서울: 기독교연합신문사, 2001.

Wimber, John. 『능력전도』. 이재범 역. 서울: 도서출판 나단, 1991.

Wimber, John. & Springer, Kevin. 『능력치유』. 이재범 역. 서울: 도서출판 나단, 1991.

Wimber, John. Power Evangelism. San Francisco: Harper and Row, 1986.

Wise, Carroll A. 『목회상담』. 이환신 역. 서울: 대한기독교서회, 1969.

Wise, Carroll A. *Religion in Illness and Health*. New York: Harper & Brothers, 1942.

Wood, Robert D. *In These Mortal Hands*. Greenwood: OMS International, 1983.

미주

1 류혜옥, "기독교상담의 정체성과 사회적 과제", 「신앙과 학문」 12 (2007): 28.

2 권양순, "상담학적 관점에서 본 영성과 치유", 「치유와 선교」 3 (2011): 62-63.

3 서울신학대학교 성결교회신학연구위원회, 『성결교회신학개요』 (부천: 기독교대한성결교
회 출판부, 2007), 127.

4 김용태, 『통합의 관점에서 본 기독교 상담학』 (서울: 학지사, 2006), 259.

5 김용태, 『통합의 관점에서 본 기독교 상담학』, 259-260.

6 류혜옥, "기독교상담의 정체성과 사회적 과제", 29.

7 김경수, 『성경적 목회상담 이론과 실제』 (용인: 도서출판 목양, 2011), 24.

8 반신환, "기독교 영성의 관점으로 살펴보는 기독교상담의 정체", 「한국기독교상담심리치
료학회지」7) (2004): 45-47.

9 류혜옥, "기독교상담의 정체성과 사회적 과제", 30.

10 전요섭, 『기독교 상담의 이론과 실제』 (서울: 좋은나무, 2001), 153.

11 황규명, "기독교 상담의 정체성", 「복음주의 기독교상담학」 (2004): 35-36. 강경미, 『예수
님의 치유사역과 21C 총체적 치유선교전략』 (서울: 동문사, 2011), 208. 재인용.

12 김준수, "기독교 상담의 역사", 「복음주의 기독교상담학」 (2004): 9-34. 강경미, 『예수님의
치유사역과 21C 총체적 치유선교전략』, 208. 재인용.

13 Gray R. Collins, 『기독교 상담 사례 연구』, 정태기 역 (서울: 도서출판 두란노, 1996), 17.

14 강경미, 『예수님의 치유사역과 21C 총체적 치유선교전략』, 208.

15 류혜옥, "기독교상담의 정체성과 사회적 과제", 30-31.

16 심수명, 『기독교 상담자를 위한 상담의 과정과 기술』(서울: 도서출판 다세움, 2012), 26.

17 류혜옥, "기독교상담의 정체성과 사회적 과제", 31.

18 반신환, "기독교 영성의 관점으로 살펴보는 기독교상담의 정체", 47-48.

19 김용태, 『통합의 관점에서 본 기독교 상담학』(서울: 학지사, 2006), 276. 류혜옥, "기독교
상담의 정체성과 사회적 과제", 31.

20 류혜옥, "기독교상담의 정체성과 사회적 과제", 31.

21 류혜옥, "기독교상담의 정체성과 사회적 과제", 31-32.

22 신명숙, 『기독교 상담』(서울: 학지사, 2010), 315.

23 류혜옥, "기독교상담의 정체성과 사회적 과제", 33.

24 유화자, 『영적전쟁과 치유』(서울: 기독교개혁신보사, 2005), 14.

25 류혜옥, "기독교상담의 정체성과 사회적 과제", 33.

26 최은영, "기독교상담학연구", 「한국기독교상담심리치료학회지」창간호 (2001): 75.

27 류혜옥, "기독교상담의 정체성과 사회적 과제", 35.

28 김경수,『성경적 목회상담 이론과 실제』, 19.

29 채은수,『통문화 상담』(서울: 총신대학교 선교대학원, 1995), 2.

30 김경수,『성경적 목회상담 이론과 실제』, 21.

31 David W. Augsburger,『문화를 초월하는 목회상담』, 임헌만 역 (서울: 도서출판 그리심, 2005), 14.

32 David W. Augsburger,『문화를 초월하는 목회상담』, 14-15.

33 채은수,『통문화 상담』, 2.

34 채은수,『통문화 상담』, 2.

35 Emmanuel Y. Lartey,『상호문화 목회상담』, 문희경 역 (서울: 도서출판 대서, 2011), 72.

36 Martin Bobgan & Deidre Bobgan,『영혼치료상담』, 전요섭 역 (서울: CLC, 2008), 33-34.

37 Martin Bobgan & Deidre Bobgan,『영혼치료상담』, 34.

38 채은수,『통문화 상담』, 2.

39 채은수,『통문화 상담』, 2.

40 채은수,『통문화 상담』, 2.

41 Gray R. Collins,『기독교 상담 사례 연구』, 17.

42 채은수,『통문화 상담』, 3.

43 국민일보 2013년 01월 24일자. 2012년 말 미국 여론조사업체 퓨리서치센터가 발표한 '세계종교지형'에 따르면, 종교에 관심이 없다고 응답한 인구 대부분은 중국, 일본, 북한, 체코, 에스토니아에 분포했다. 일본인의 57%, 중국인의 52.2%가 '종교가 없다'라고 밝혔다.

44 채은수,『통문화 상담』, 3.

45 채은수,『통문화 상담』, 3.

46 채은수,『통문화 상담』, 3.

47 채은수,『통문화 상담』, 3.

48 Martin Bobgan & Deidre Bobgan,『영혼치료상담』, 108.

49 류혜옥, "기독교상담의 정체성과 사회적 과제", 41.

50 류혜옥, "기독교상담의 정체성과 사회적 과제", 41.

51 차정식, "네가 낫고자 하느냐?",「설교뱅크」(2012, 11월): 5.

52 강성열, "구약성경이 말하는 치유",「그말씀」287 (2013): 7.

53 Karl Barth, Church Dogmatics Vol 3 (Edinburgh: T.&T. Clark, 1961), 369-371. 안 석,『정신분석과 기독교상담』(서울: 인간희극, 2010), 37. 재인용.

54 Paul J. Tillich, *Systematic Theology Vol 3* (London: Nisber, 1968), 293-300. 안 석,『정신분석과 기독교상담』, 37. 재인용.

55 안 석,『정신분석과 기독교상담』, 12.

56 박형렬,『통전적 치유목회학』(서울: 도서출판 치유, 1994), 25.

57 차정식, "네가 낫고자 하느냐?", 5.

58 Frank B. Stanger, 『위대한 의사 예수』, 배상길 역 (서울: 도서출판 나단, 1992), 25.

59 차정식, "네가 낫고자 하느냐?", 5.

60 안 석, 『정신분석과 기독교상담』, 37.

61 안 석, 『정신분석과 기독교상담』, 37.

62 John Wilkinson, 『성경과 치유』, 김태수 역 (서울: 기독교연합신문사, 2001), 16. 안 석, 『정신분석과 기독교상담』 37. 재인용.

63 박형렬, 『통전적 치유목회학』, 26.

64 한국기독교학회 선교신학회 편, 『치유와 선교』(서울: 다산글방, 2000), 14-15.

65 한국기독교학회 선교신학회 편, 『치유와 선교』, 15.

66 Paul G. Chappell, Evangelical Dictionary of Theology (Grand Rapids: Baker, 1984), 497-498.

67 전요섭, 『기독교 치유와 휴지주의』(안양: 성결대학교 출판부, 2004), 59.

68 이병철, 『신약성서신학사전Ⅲ』(서울: 브니엘 출판사, 1987), 640.

69 한국성결신문 2011년 12월 07일자.

70 노세영, "구약의 치유(라파)", 「설교뱅크」(2012, 11월): 84.

71 M. L. Brown, TDOT Vol. 13 (Grand Rapids: Eerdmans, 2001), 596-597. 노세영, "구약의 치유(라파)", 84-85. 재인용.

72 Frank B. Stanger, 『위대한 의사 예수』 37-38.

73 Frank B. Stanger, 『위대한 의사 예수』 38.

74 힐빙월드 & 자연치유의 메카, "영성과 치유", http://blog.daum.net/healbeing/130.

75 Frank B. Stanger, 『위대한 의사 예수』 32.

76 Frank B. Stanger, 『위대한 의사 예수』 33.

77 Frank B. Stanger, 『위대한 의사 예수』 33.

78 위키백과사전, "치유", http://ko.wikipedia.org/wiki/%EC%B9%98%EC%9C%A0.

79 박윤수, 『치유상담의 이론과 실제』(서울: 도서출판 경성기획, 1994), 10.

80 전요섭, 『기독교 치유와 휴지주의』 45.

81 박행렬, 『치유선교론』(서울: 도서출판 나임, 1993), 18.

82 박행렬, 『치유선교론』, 19.

83 이기춘, "기독교 치유와 영성", 「기독교사상」(1988, 4월): 73-74.

84 박행렬, 『치유선교론』, 19.

85 강경미, 『예수님의 치유사역과 21C 총체적 치유선교전략』, 207.

86 강경미, 『예수님의 치유사역과 21C 총체적 치유선교전략』, 207-208.

87 김찬기 편저, "여호와 라파", 「치유와 선교」4 (2011): 109.

88 Andrew Murray, 『하나님의 치유』, 김태곤 역 (서울: 생명의말씀사, 2009).

89 채은수,『통문화 상담』 3.

90 Martin Bobgan & Deidre Bobgan,『영혼치료상담』 232.

91 채은수,『통문화 상담』 3-4.

92 Martin Bobgan & Deidre Bobgan,『영혼치료상담』 238.

93 Martin Bobgan & Deidre Bobgan,『영혼치료상담』 245-246.

94 채은수,『통문화 상담』 4

95 채은수,『통문화 상담』 4

96 Gary R. Collins,『뉴 크리스천 카운슬링』 47.

97 강경미,『예수님의 치유사역과 21C 총체적 치유선교전략』 206-207.

98 강경미,『예수님의 치유사역과 21C 총체적 치유선교전략』 207.

99 박행렬,『치유선교론』 40.

100 Sherman Johnson, *The Interpreter's Bible, vol. II* (Nashville: Abingdon, 1951), 398.

101 김지철,『마가의 예수』(서울: 한국성서학연구소, 1995), 66-67.

102 박행렬,『치유선교론』 40.

103 이훈구,『성경적 치유 사역』(서울: 은혜출판사, 2003), 145. 이훈구,『21세기 선교신학의 성경적 재구성』(고양: 올리브나무, 2012), 313.

104 이훈구,『21세기 선교신학의 성경적 재구성』 313.

105 이훈구,『성경적 치유 사역』 47.

106 이훈구,『성경적 치유 사역』 47.

107 Theo Sundermier, "구원과 치유",「선교와 디아코니아」4 (2002): 313. 이훈구,『21세기 선교신학의 성경적 재구성』 314-315.

108 임희모, "아프리카 토착 교회를 중심으로 한 치유와 선교",「치유와 선교」4 (2000): 108.

109 홍기영, "인간의 치유와 예수의 선교",「치유와 선교」4 (2000): 27-28.

110 김세윤·김회권·정현구,『하나님 나라 복음』(서울: 새물결플러스, 2013), 235.

111 김세윤·김회권·정현구,『하나님 나라 복음』 235.

112 김세윤·김회권·정현구,『하나님 나라 복음』 235.

113 홍기영, "인간의 치유와 예수의 선교", 27-28.

114 홍기영, "인간의 치유와 예수의 선교", 20-21.

115 David W. Augsburger,『문화를 초월하는 목회상담』 577.

116 David W. Augsburger,『문화를 초월하는 목회상담』 578-580.

117 Margaret Kornfeld, *Cultivating Wholeness* (New York: Continuum, 1998), 16.

118 정보철,『목회상담학자의 바울읽기』(서울: 쿰란출판사, 2010), 98.

119 Gray R. Collins,『뉴 크리스천 카운슬링』 한국기독교상담·심리치료학회 역 (서울: 도서출판 두란노, 2008), 59.

120 Gray R. Collins,『뉴 크리스천 카운슬링』 59.

121 김성환,『사도행전의 교회 부흥 해부학』(서울: 하늘기획, 2011), 260-261.

122 박형렬,『통전적 치유목회학』, 441.

123 박형렬,『통전적 치유목회학』, 441.

124 박형렬,『통전적 치유목회학』, 442-443.

125 김성환,『사도행전의 교회 부흥 해부학』, 268.

126 강경미,『예수님의 치유사역과 21C 총체적 치유선교전략』, 149.

127 신현우, "공관복음서에 나타난 치유와 축귀의 신학적 의미",「개혁신학」22 (2010): 114.

128 John Wimber,『능력전도』, 이재범 역 (서울: 도서출판 나단, 1991), 68.

129 조귀삼,『A. B. 심슨의 선교신학』(서울: 도서출판 예닮마을, 2004), 215.

130 James D. G. Dunn, *The Acts of the Apostles* (Pensylvania: Trinity Press International, 1996), 258.

131 John Wimber,『능력전도』, 69.

132 이성주,『기도의 신학』(안양: 도서출판 잠언, 2002), 85-86.

133 이성주,『기도의 신학』, 91.

134 이성주,『기도의 신학』, 91-92.

135 이영하·최광현, "가족각본의 목회상담 적용에 대한 연구",「복음과 상담」20 (2013): 238.

136 박윤수,『치유상담의 이론과 실제』, 23.

137 박윤수,『치유상담의 이론과 실제』, 23.

138 Howard A. Snyder,『21세기 교회의 전망』, 박이경·김기찬 역 (서울: 아가페출판사, 1993), 77-78.

139 유재성, "한국인의 공동체적 의식과 목회상담적 자기성찰",「성경과 상담」3 (2003): 93-135.

140 박형렬,『통전적 치유목회학』, 36.

141 고든콘웰신학교는 1889년 보스톤 선교사훈련학교(Boston Missionary Training School) 라는 이름의 선교사훈련학교로 시작되었다. 이후 고든디비니티스쿨(Gordon Divinity School)로 바뀌면서 1969년 다시 콘웰디비니티스쿨(Conwell Divinity School)과 병합 하면서 지금의 고든콘웰신학교로 변신하게 되었다.

142 Walter C. Kaiser,『치유자 예수님』김진우 역 (서울: 도서출판 햇불, 1995), 65-74.

143 박윤수,『치유상담의 이론과 실제』, 23.

144 박준배,『상담치료학』(서울: 브니엘 출판사, 2001), 153-157.

145 김경수,『성경적 목회상담 이론과 실제』, 123.

146 복음신학대학원대학교 오순절신학연구소,『21세기에 읽는 오순절신학』(대전: 복음신학 대학원대학교출판부, 2009), 251.

147 복음신학대학원대학교 오순절신학연구소,『21세기에 읽는 오순절신학』, 252.

148 복음신학대학원대학교 오순절신학연구소,『21세기에 읽는 오순절신학』, 252.

149 Joseph Moore, 『비전문 상담자를 위한 상담학』 전요섭 역 (서울: 은혜출판사, 2010), 15.

150 박윤수, 『치유상담의 이론과 실제』 48.

151 박윤수, 『치유상담의 이론과 실제』 48-49.

152 박윤수, 『치유상담의 이론과 실제』 49.

153 박윤수, 『치유상담의 이론과 실제』 49.

154 심수명, 『기독교 상담자를 위한 상담의 과정과 기술』 51.

155 박윤수, 『치유상담의 이론과 실제』 49.

156 Gerald Egan, *Face to Face* (CA: Brooks/Cole Publishing, 1973), 91-92.

157 Charles F. Kemp, *A Pastoral Counseling Guidebook* (Nashville: Abingdon Press, 1971), 33.

158 Andreas Maurer, 『무슬림 전도학 개론』 이승준·전병회 역 (서울: CLC, 2011), 236-237.

159 박윤수, 『치유상담의 이론과 실제』 49.

160 박윤수, 『치유상담의 이론과 실제』 49-50.

161 Charles F. Kemp, *A Pastoral Counseling Guidebook*, 95.

162 Gerard Egan, *The Skilled Helper* (Belmont: Wadsworth Publishing Company, 1975), 68.

163 심수명, 『기독교 상담자를 위한 상담의 과정과 기술』 51.

164 박윤수, 『치유상담의 이론과 실제』 50.

165 심수명, 『기독교 상담자를 위한 상담의 과정과 기술』 51.

166 심수명, 『기독교 상담자를 위한 상담의 과정과 기술』 51.

167 박윤수, 『치유상담의 이론과 실제』 50-51.

168 복음신학대학원대혁교 오순절신학연구소, 『21세기에 읽는 오순절신학』 254.

169 심수명, 『기독교 상담자를 위한 상담의 과정과 기술』 87.

170 전요섭, 『기독교상담의 실제』(안양: 한국복음문서간행회, 2001), 103.

171 Rollo R. May, *The Art of Counseling* (Nashville: Abingdon, 1967).

172 Rollo R. May, *The Art of Counseling*, 75-91.

173 전요섭, 『기독교상담의 실제』 104-105.

174 전요섭, 『기독교상담의 실제』 107.

175 심수명, 『기독교 상담자를 위한 상담의 과정과 기술』 67.

176 심수명, 『기독교 상담자를 위한 상담의 과정과 기술』 67.

177 홍경자, 『자기이해와 자기지도력을 돕는 상담의 과정』(서울: 학지사, 2001). 심수명, 『기독교 상담자를 위한 상담의 과정과 기술』 67-68.

178 심수명, 『기독교 상담자를 위한 상담의 과정과 기술』 68.

179 Clara E. Hill, 『상담의 기술』 주은선 역 (서울: 학지사, 2001), 190-192.

180 김경수, 『성경적 목회상담 이론과 실제』, 136.

181 심수명, 『기독교 상담자를 위한 상담의 과정과 기술』, 68.

182 Joseph Moore, 『비전문 상담자를 위한 상담학』, 74-78.

183 Joseph Moore, 『비전문 상담자를 위한 상담학』, 121.

184 전요섭, 『기독교상담의 실제』, 123.

185 Joseph Moore, 『비전문 상담자를 위한 상담학』, 17.

186 박윤수, 『치유상담의 이론과 실제』, 26.

187 박윤수, 『치유상담의 이론과 실제』, 26.

188 Gerald Corey, 『상담학 개론』, 오성춘 역 (서울: 장로회신학대학교 출판부, 2002), 6.

189 김홍찬, 『기독교 상담과 치유』(서울: 우성문화사, 1997), 160.

190 이드(id)는 프로이드 정신분석이론에서 자아, 초자아와 함께 인간 성격을 구성하는 요소로써 이 3가지 정신 영역 중 가장 오래된 것으로 원시적인 육체적 본능, 특히 성욕 및 공격욕과 관련된 심리적 내용뿐 아니라 유전되거나 태어날 때부터 나타나는 모든 심리적 요소를 포함한다. 이드는 외부세계를 쉽게 망각하며 시간의 흐름을 인식하지 못한다. 구조가 없고, 논리와 이성도 모르기 때문에 날카롭게 대립하며, 상호모순 되는 충동을 동시에 가질 수 있다. 이드는 전적으로 쾌락 고통의 원리에 따라 기능하며, 그 충동은 즉각적인 충족을 추구하거나 타협적 충족에 만족한다. 비록 성인은 이드 자체의 작용이 무의식으로 이루어진다 하더라도(아동은 비교적 덜 무의식적임), 이드는 의식적인 정신생활의 발달과 지속적 작용을 위한 에너지를 제공한다. 깨어 있을 때 이드는 헛말, 기지(奇智), 예술, 다소 비합리적인 그 외의 표현양식 속에 자신의 내용을 숨긴다. 프로이드에 따르면 이드의 내용을 드러내는 기본방법은 꿈의 분석과 자유연상이다. 현재 많은 정신분석학자들은 이드 개념이 가장 정상적인 사람에게도 존재하는 비합리적 반사회적 충동에 주의를 기울이는 데는 여전히 유용하지만, 이 개념이 지나치게 단순하다고 생각하고 있다. 브리태니커, "이드(id)", http://100.daum.net/encyclopedia/view.do?docid=b17a3139a.

191 김홍찬, 『기독교 상담과 치유』, 160-162.

192 김홍찬, 『기독교 상담과 치유』, 162.

193 Gerald Corey, 『상담학 개론』, 58.

194 Gerald Corey, 『상담학 개론』, 58.

195 Gerald Corey, 『상담학 개론』, 58-59.

196 Gerald Corey, 『상담학 개론』, 59.

197 Gerald Corey, 『상담학 개론』, 59-60.

198 Gerald Corey, 『상담학 개론』, 60.

199 Gerald Corey, 『상담학 개론』, 60.

200 Gerald Corey, 『상담학 개론』, 61. 프로이드는 저항을 내담자가 용납할 수 없는 불안에

서 자신을 방어하려는 무의식의 역동성으로 그의 억압된 충동들이나 감정들이 표면에
떠올라 의식화되려고 하는 순간에 나타나는 현상이라고 보았다.

201 김용태, 『통합의 관점에서 본 기독교 상담학』, 436.

202 Gerald Corey, 『상담학 개론』, 61.

203 김용태, 『가족치료이론』(서울: 학지사, 2000), 265.

204 Gerald Corey, 『상담학 개론』, 61.

205 Gerald Corey, 『상담학 개론』, 61.

206 김용태, 『통합의 관점에서 본 기독교 상담학』, 436.

207 Gerald Corey, 『상담학 개론』, 61-62.

208 Gerald Corey, 『상담학 개론』, 62.

209 김홍찬, 『기독교 상담과 치유』, 168.

210 김홍찬, 『기독교 상담과 치유』, 168.

211 김홍찬, 『기독교 상담과 치유』, 169.

212 김홍찬, 『기독교 상담과 치유』, 169-170.

213 김홍찬, 『기독교 상담과 치유』, 170.

214 전찬원, 『기독교상담심리학』(서울: 도서출판 토기장이, 1996), 292.

215 전찬원, 『기독교상담심리학』, 293.

216 전찬원, 『기독교상담심리학』, 293-294.

217 전찬원, 『기독교상담심리학』, 294.

218 전찬원, 『기독교상담심리학』, 294.

219 전찬원, 『기독교상담심리학』, 294.

220 형태주의적 접근은 프로이드의 정신분석학, 형태심리학, 실존주의, 역할연기 등을 통합
시킨 것으로써 개인이 성숙하기를 바란다면 생활에서 자신의 길을 스스로 찾아야 하며,
개인적인 책임을 수용해야 한다는 전제에 바탕을 둔 실존적인 치유의 한 형태이다.

221 전찬원, 『기독교상담심리학』, 295.

222 전찬원, 『기독교상담심리학』, 295.

223 전찬원, 『기독교상담심리학』, 296.

224 전찬원, 『기독교상담심리학』, 297.

225 이승구, 『기독교 세계관이란 무엇인가?』(서울: SFC, 2003), 131.

226 심수명, 『기독교 상담과 인지치료의 통합적 접근 인격치료』(서울: 학지사, 2004), 95.

227 심수명, 『기독교 상담과 인지치료의 통합적 접근 인격치료』, 96.

228 심수명, 『기독교 상담과 인지치료의 통합적 접근 인격치료』, 96.

229 심수명, 『기독교 상담과 인지치료의 통합적 접근 인격치료』, 98-99.

230 폴 투르니에는 스위스의 내과 의사이자 상담가로서, 기술적인 의학만이 있던 시기에 의
사와 환자가 인격적으로 만나야 한다는 '인격 의학'을 주장했으며, 심리학을 기독교와

통합시키는 데 크게 공헌하였다. 그가 남긴 여러 저서들은 지금도 각박한 기술 문명에 신선한 일깨움을 주며, 여리고 상처 많은 영혼들을 깊이 어루만져 준다. '여성, 그대의 사명은', '강자와 약자', '고통보다 깊은', '모험으로 사는 인생', '비밀', '고독' 등이 소개되어 있으며, 그의 생애와 사상을 조명한 게리 콜린스의『폴 투르니에의 기독교 심리학』 등이 번역되어 있다.

231 Gray R. Collins,『폴 투르니에의 기독교 심리학』 정동섭 역 (서울: 한국기독학생회출판부, 1998), 182.

232 Gray R. Collins,『폴 투르니에의 기독교 심리학』 182. 심수명,『기독교 상담과 인지치료의 통합적 접근 인격치료』 99.

233 심수명,『기독교 상담과 인지치료의 통합적 접근 인격치료』 100-102.

234 성경에는 창조와 타락, 구속의 관점으로 인간을 이해하는 데 그 입장을 수용하고 인간의 고통이 죄뿐만 아니라 심리적인 여러 요인으로 인해 발생한다는 심리학적 입장을 수용하고자 하는 것이다.

235 인간의 문제를 치유하기 위해서 가장 중요한 접근 방법으로는 상호 동등하며 평등하게 만나는 인격적인 관계가 무엇보다 중요하다.

236 우리가 그리스도께 삶을 의뢰하고 그분의 인도하심을 믿을 때, 성령의 인도함을 받을 때, 다른 사람과 세상에 대한 우리의 태도는 변화될 것이다.

237 인격 치유 상담의 공동체는 관계를 통해 서로를 세워가는 상호의존을 경험할 수 있는 장소이다. 서로 신뢰하며 사랑의 관계가 넘치는 교회 공동체 안에 있을 때 인격 장애를 가진 사람은 그 사랑 안에서 새롭게 치유되고 변화될 수 있는 가능성이 있는 것이다.

238 심수명,『기독교 상담과 인지치료의 통합적 접근 인격치료』 109-110. 이 프로그램은 하나님의 형상으로 온전히 회복되는 것을 궁극적인 목적으로 하며 이를 위해 기독교인의 인격을 치유하여 성숙한 인격자가 되도록 하는 것이 큰 목적이다.

239 강경미,『예수님의 치유사역과 21C 총체적 치유선교전략』 216.

240 Paul D. Meier외 공저,『기독교 상담심리학 개론』 전요섭 외 5명 (서울: CLC, 2004), 413.

241 Paul D. Meier외 공저,『기독교 상담심리학 개론』 413-414.

242 Paul D. Meier외 공저,『기독교 상담심리학 개론』 414.

243 집단 상담의 기원은 1905년 미국 내과 의사인 프라트(J. H. Pratt)가 결핵병동 환자의 실망과 우울을 해결하고자 집단을 형성한 것이 처음이다. 그러나 단체 치유 상담의 기원은 18세기 존 웨슬리의 감리교 운동인 클라스 모임과 선별한 회원의 모임, 그리고 회심자의 무리 등을 형성으로 시작된다.

244 1940년대 들어서서 칼 로저스의 인본주의 심리학이 소개되면서 자유주의 목회상담 운동에 절대적인 영향을 미쳤다. 비지시적이며 인간 중심적인 로저스의 심리학은 인간의 성장과 자아실현에 초점을 둔 인간 잠재성 운동의 토대를 이루었다. 특히 시워드

힐트너(Seward Hiltner)의 신학에 중요한 영향을 미쳤으며, 헤롤드 엘렌스(J. Harold Ellens)는 보이슨과 그의 사상을 계승한 힐트너의 신학적 유산이 목회신학에 있어서 역사적인 전환점을 형성하였다. 문희경, 『대상관계이론과 목회상담』(서울: 도서출판 대서, 2007), 42.

245 채은수, 『통문화 상담』, 12.

246 채은수, 『통문화 상담』, 12.

247 채은수, 『통문화 상담』, 12.

248 채은수, 『통문화 상담』, 13.

249 가족치유상담연구원, "집단상담프로그램", http://cafe418.daum.net/_c21_/bbs_search_read?grpid=yzyP&fldid=OS92&contentval=00005zzzzzzzzzzzzzzzzzzzzzzzz&nenc=&fenc=&q=&nil_profile=cafetop&nil_menu=sch_updw.

250 Paul D. Meier외 공저, 『기독교 상담심리학 개론』, 416.

251 Gray R. Collins, 『기독교 상담과 인간성장』, 정석환 역 (파주: 한국학술정보, 2002), 167.

252 Gray R. Collins, 『기독교 상담과 인간성장』, 167.

253 Gray R. Collins, 『기독교 상담과 인간성장』, 167.

254 이것은 상담자가 그의 태도나 사고와 행동에 있어서 기독교적이어야 함을 의미한다. 자기중심적 태도와 욕망을 가지고 이기적인 신앙생활을 하는 사람은 기독교 치유상담자가 될 수 없다.

255 Gray R. Collins, 『기독교 상담과 인간성장』, 168. 이것은 상담의 목적이나 그 목적을 성취하기 위해 제반 방법들을 기독교적 원리나 기독교의 윤리적 행위 기준에 입각하여 실시해야 하는 것이다.

256 George A. Rekers, 『가정 상담』, 오성춘 역 (서울: 도서출판 두란노, 1996), 105.

257 George A. Rekers, 『가정 상담』, 106.

258 George A. Rekers, 『가정 상담』, 107-117.

259 성경은 가정에서 아버지의 리더십과 권위와 부모에게 순종해야 할 자녀들의 의무에 관해서 원리들을 가르친다. 이러한 성경적인 원리들을 적절하게 실천한다면 분명하고 합당한 경계선들이 설정될 수 있다.

260 김종활, "독서지도가 인성개발에 미치는 영향에 관한 연구", 「석사학위 논문」(경주: 경주대학교 행정경영대학원, 2000): 25.

261 김영아·안 석, "성서를 활용한 독서치료를 경험한 중년남성의 사례분석: 정신역동적 관점에서", 「한국기독교상담학회지」24 (2012): 36.

262 漢大新聞 2012년 09월 03일자.

263 이범석, 『비블리오 드라마』(파주: 한국학술정보, 2008), 51.

264 이영식, 『독서치료 어떻게 할 것인가』(서울: 학지사, 2006), 38-39.

265 漢大新聞 2012년 09월 03일자.

266 현길언, 『문학과 성경』(서울: 한양대학교 출판부, 2002), 40.

267 김영아 · 안 석, "성서를 활용한 독서치료를 경험한 중년남성의 사례분석: 정신역동적 관점에서", 60.

268 김지찬, 『요단강에서 바벨론 물가까지』(서울: 생명의말씀사, 1999), 40.

269 현길언, 『문학과 성경』, 316.

270 현길언, 『문학과 성경』, 19.

271 안석모, 『목회상담이론 입문』(서울: 학지사, 2009), 27-28.

272 동대문가정폭력상담소, "환경치료", http://cafe451.daum.net/_c21_/bbs_search_read?grpid=18 gXS&fldid=RTOa&datanum=760&contentval=&docid=18gXS%7CRTOa%7C760%7C20120319143138&q=%C0%DB%BE%F7%C4%A1%B7%E1.

273 동대문가정폭력상담소, "환경치료", http://cafe451.daum.net/_c21_/bbs_search_read?grpid=18gXS&fldid=RTOa&datanum=760&contentval=&docid=18gXS%7CRTOa%7C760%7C20120319143138&q=%C0%DB%BE%F7%C4%A1%B7%E1. 치유팀의 생활지도는 환경요법의 일부로서 환자의 일상생활을 일반인처럼 지도해 준다. 즉 취침과 기상, 세수와 목욕하기, 머리손질, 면도, 옷 입기, 책상이나 개인물건 정리 그리고 여가선용하기 등으로 일과를 이끌어 준다. 자발적으로 일과를 해나갈 수 있으면 타인과의 협조나 단체 활동에 참여하게 된다. 비록 병실에 입원 된 환자이지만 자신의 일을 처리하는 일반사회인의 입장과 조금도 다름없다는 사실이 중요한 지도지침이다.

274 양희원 · 김미경, "집단 미술치료가 만성 정신분열증 환자의 인지 및 지각능력에 미치는 효과", 「복음과 상담」20 (2013): 188.

275 대구예술대학교 예술치료센터, "미술치료", http://artscare.co.kr/Program/Program02.asp.

276 양희원 · 김미경, "집단 미술치료가 만성 정신분열증 환자의 인지 및 지각능력에 미치는 효과", 195.

277 양희원 · 김미경, "집단 미술치료가 만성 정신분열증 환자의 인지 및 지각능력에 미치는 효과", 195.

278 양희원 · 김미경, "집단 미술치료가 만성 정신분열증 환자의 인지 및 지각능력에 미치는 효과", 195.

279 Salvador Dal, 『살바도르 달리』, 이은진 역 (서울: 이마고, 2002).

280 이근매 · 정광조, 『미술치료개론』(서울: 학지사, 2005).

281 Kennith E. Bruscia, *Defining Music Therapy* (NH: Barcelona Publishers, 1989).

282 김승일 · 김은희, "정신지체아를 위한 음악치료 방법 연구", 「조선대 특수교육원」4 (2001): 259-284.

283 김승일 · 김은희, "정신지체아를 위한 음악치료 방법 연구", 259-284.

284 한국음악치료사협회, "음악치료사", http://musictherapy.co.kr/02/01.php.

285 여성가족부, "다문화가족지원센터 상담체계 활성화를 위한 운영매뉴얼 개발 연구보고
서", 「다문화」(2010): 32.

286 강경미, 『예수님의 치유사역과 21C 총체적 치유선교전략』, 221.

287 강경미, 『예수님의 치유사역과 21C 총체적 치유선교전략』, 221.

288 강경미, 『예수님의 치유사역과 21C 총체적 치유선교전략』, 221.

289 박용준, "사회치유에서 NGO의 역할", 「제6차 아세아연합신학대학교 대학원 치유선교
학과 심포지움 자료집」(2003): 143-154.

290 박용준, "사회치유에서 NGO의 역할", 154.

291 Francis S. Macnutt, 『치유』, 변진석·변창욱 역 (서울: 도서출판 무실, 1992), 357.

292 문희경, 『대상관계이론과 목회상담』, 260.

293 문희경, 『대상관계이론과 목회상담』, 261.

294 유화자, 『영적전쟁과 치유』, 218.

295 유화자, 『영적전쟁과 치유』, 218.

296 채은수, "영적전쟁", 「세계선교」28 (1996): 2.

297 홍성철, 『사도 바울 그의 정사와 권세』 (서울: 은혜출판사, 2007), 12.

298 William Wagner, 『이슬람의 세계 변화 전략』, 노승현 역 (서울: APOSTOLOS PRESS,
2007), 179. 이 용어는 그가, 선교사가 전하는 예수 그리스도의 새로운 메시지와는 다르
게 그들의 신앙의 힘에 대한 확신을 가지고 있었던 남태평양의 사람들 사이에 일어났던
사건을 통해 보았던 결과에 대해 이름 붙인 것이다.

299 노윤식, "선교현장의 영적 전쟁에 대한 선교신학적 고찰", 「神學 自然科學篇」32 (2003):
156.

300 C. Peter Wagner & F. Douglas Pennoyer, *Trends and Topics in Teaching Power
Evangelism: in Wrestling with Dark Angels* (Ventura: Regal Books, 1990), 84.

301 Bruce Bradshaw, *Bridging the Gap: Evangelism, Development and Shalom* (Monrovia:
MARC, 1993), 126.

302 Bruce Bradshaw, *Bridging the Gap: Evangelism, Development and Shalom*, 126.

303 강남대학교 신학대학 편, 『종교와 영성』(서울: 한들출판사, 1998), 101 - 102.

304 브리태니커, "typology", http://enc.daum.net/dic100/contents.
do?query1=b17a1901a.

305 정신의학의 기원자는 18세기의 앤톤 메스멜(Anton Meamer)로 의학과 주술, 그리고 정
신주의의 결합을 시도하였다. 채은수, 『통문화 상담』, 1.

306 박용천, 『한국교회와 정신건강: 정신의학 분야에서 본 정신건강의 실태』(서울: 장로회
신학대학교 출판부, 1998), 87. 정신질환이 하나의 의학적 질병으로 인식된 것은 불과
지난 200년 전의 일이다. 초기에는 정신의학이 단순히 정신병을 치유하는 의학으로 인

식되어 왔지만 근대 의학이 발전함에 따라 개인의 인격, 행동, 주관적 생활, 대인관계 및 사회적응 등에 영향을 주는 정상과 이상 사이의 다양한 스펙트럼의 인격 장애들이 정신의학의 대상이 되고 있다. 더 나아가 정신 현상이 아래로는 유전, 분자 생물학 및 대뇌기능 등 개인의 육체적 요인과 위로는 가족적 및 사회·문화적 요인들과 상호 관련 됨이 밝혀져 있다. 이제 정신의학의 대상은 정신적 원인에 의한 육체적 장애와 육체적 요인에 의한 정신적 장애, 그리고 사회·문화적 요인과의 관련성, 지역사회 정신의학 및 정신보건 문제에 이르기까지 확대되고 있다. 정신의학의 목적은 단순히 정신질환을 치유하는 데 그치지 않고, 가족과 사회, 그리고 종교까지 포괄적으로 이해하고 다루는 데 있다. 민성길, 『최신정신의학』(서울: 일조각, 2004), 1.

307 박용천, 『한국교회와 정신건강: 정신의학 분야에서 본 정신건강의 실태』, 87.

308 Gary R. Collins, 『뉴 크리스천 카운슬링』, 706-709.

309 옥한흠, 『전쟁을 모르는 세대를 위하여』(서울: 국제제자훈련원, 2003), 76 - 78.

310 박윤수, 『치유상담의 이론과 실제』, 219.

311 박현순, 『공황장애』(서울: 학지사, 2000), 38.

312 William Bakers, 『부정적 감정을 치유하는 자기 고백 워크북』, 김재서 역 (서울: 도서출판 예찬사, 1994), 195.

313 이만홍, 『아스피린과 기도』(서울: 도서출판 두란노, 1991), 21 - 22.

314 유화자, 『영적전쟁과 치유』, 28.

315 David W. Augsburger, 『문화를 초월하는 목회상담』, 584.

316 전요섭, 『부정적인 감정 45가지 심리치료와 회복을 위한 심리상담 - 마음다스리기』(서울: 쿰란출판사, 2007), 122-123.

317 이현주, 『이상 행동의 심리학』(서울: 대왕사, 1978), 114 - 126.

318 Anne Derouin and Terrill Bravender, "Living on the Edge: The Current Phenomenon of Self - Mutilation in Adolescents", The American Journal of Maternal Child Nursing 29 (January - February 2004), 12 - 18.

319 박두병, 『알기 쉬운 일반정신의학』(서울: 도서출판 하나의학사, 1996), 117.

320 심수명, 『인격치료』(서울: 학지사, 2004), 279.

321 Timothy M. Warner, Spiritual Warfare (Illinois: Crossway Books, 1991), 105.

322 Bruce Narramore & Bill Counts, 『죄책감으로 고통 받는 이를 위하여』, 권명달 역 (서울: 보이스사, 1994), 14.

323 Joyce Meyer, 『슬픔대신 화관을』, 최기운 역 (서울: 베다니출판사, 1997), 106 - 107.

324 Paul Tournire, 『죄책감과 은혜』, 추교석 역 (서울: 한국기독학생회출판부, 2001), 232.

325 위키백과, "이기심", http://enc.daum.net/dic100/contents.do?query1=10XX355506.

326 Bruce Thompson & Barbara Thompson, 『내 마음의 벽』, 허광일 역 (서울: 도서출판 예수전도단, 1993), 130.

327 심수명, 『인격치료』, 186.

328 Mark P. Cosgrove, 『분노와 적대감』, 김만풍 역 (서울: 도서출판 두란노, 1997), 39.

329 심수명, 『인격치료』, 187. 분노는 행동으로 유발할 경우 여러 형태로 나타나게 된다. 첫째, 육체적인 학대이다(때리기, 상처 입히기, 죽이기). 둘째, 언어적인 학대이다(소리지르기, 모욕 주기, 신랄한 빈정거림). 셋째, 자기에 대한 학대이다(자신을 냉대하는 행위). 이러한 분노의 공통적인 태도는 상처 입은 자아의 공격적인 방어이다. 분노는 한 사람의 존엄성에 대한 공격과 자존감에 대한 위협, 그리고 지위 상실에 대해서 반응하는 것이다. Donald Capps, 『인간 발달과 목회적 돌봄』, 문희경 역 (서울: 도서출판 이레서원, 2001), 46-47.

330 Carroll Saussy, *The Gift of Anger: A Call to Faithful Action* (Kentucky: Westrminster John Knox Press, 1995), 109.

331 손석원·김오복, 『현대 사회복지선교의 이해』(군포: 도서출판 잠언, 2005), 382.

332 강승삼, "영적 전쟁의 신학적인 기초와 실재", 「세계선교」28 (1996): 24.

333 강승삼, "영적 전쟁의 신학적인 기초와 실재", 24.

334 Timothy M. Warner, Spiritual Warfare, 95.

335 위키백과, "심리학", http://ko.wikipedia.org/wiki/%EC%8B%AC%EB%A6%AC%ED%95%99.

336 Henry Gleiman, 『심리학』, 장현갑 · 안신호 · 이진환 · 신현정 · 정봉교 · 이광오 · 도경수 공역 (서울: 시그마프레스, 1999), 3.

337 위키백과, "심리학", http://ko.wikipedia.org/wiki/%EC%8B%AC%EB%A6%AC%ED%95%99.

338 김원형·남승규·이재창, 『인간과 심리학』(서울: 학지사, 2003), 45-46.

339 Ken Wilber, 『통합심리학』, 조옥경 역 (서울: 학지사, 2008), 169.

340 전요섭, 『부정적인 감정 45가지 심리치료와 회복을 위한 심리상담 - 마음다스리기』, 20.

341 David G. Myers, 『심리학의 탐구』, 김유진 · 민윤기 역 (서울: 시그마프레스, 2007), 274.

342 김원형·남승규·이재창, 『인간과 심리학』, 169.

343 David G. Myers, 『심리학의 탐구』, 254. 동기의 개념은 심리학자들이 정의하기에 어려운 것 중의 하나이다. 그것은 인간에 대한 개개인의 심리학자 방향에 의하여 변하는 것처럼 보이기 때문이다.

344 김원형·남승규·이재창, 『인간과 심리학』, 96.

345 David G. Myers, 『심리학의 탐구』, 308.

346 김예식, 『생각을 바꾸기를 통한 우울증치료: 인지치료의 목회상담 적용』(서울: 한국장로교출판사, 1998), 127.

347 Wayne Weiten, 『심리학』, 김시업 역 (서울: 문음사, 1994), 27.

348 위키백과, "심리학", http://ko.wikipedia.org/wiki/%EC%8B%AC%EB%A6%AC%ED%95%99.

349 Paul W. Pruyser, 『생의 진단자로서 목회자』, 이은규 역 (서울: 도서출판 동서남북, 2000), 201.

350 T. Lewis & B. Lewis, *Missionary Care* (Pasadena: William Carey Library, 1992), 110-122.

351 T. Lewis & B. Lewis, *Missionary Care*, 110-122.

352 폴 히버트(Paul G. Hiebert)는 영적 전쟁에 대하여 말하기를, "하나님과 사단이 서로 점령하려고 하는 인간의 마음속에서 영적 전쟁이 벌어진다"라고 하였다. Paul G. Hiebert, *Anthropological Reflections on Missiological Issues* (Grand Rapids: Baker Books, 1994), 211.

353 Stephen Neill, Gerald H. *Anderson, John Goodwin, Concise Dictionary of the Christian World Missio*n (Nashvill: Abingdon, 1971), 594.

354 강병호, "포르투갈 사역보고(1)", 「2000년 세계선교대회 선교전략회의 자료집」(2000): 403-407.

355 김문수, "태국 사역보고(2)", 「2000년 세계선교대회 선교전략회의 자료집」(2000): 115-117.

356 Alan R. Tippett, *The Earth Hear His Voice* (World Wide Publications: Minneapolis, 1975), 848.

357 이현모, 『현대선교의 이해』(대전: 침례신학대학교 출판부, 2000), 284. 피터 와그너(C. Peter Wagner)는 20세기 성령 운동을 3기로 나누어 제1, 제2, 제3 성령의 물결로 표현하였다. 리차드 리스(Richard M. Riss)는 제1의 물결은 성령의 물결로 주요 재(再)각성 운동이라 불렀다. 제1의 물결은 오순절 운동이요, 제2의 물결은 은사갱신 운동이며, 제3의 물결은 오순절 운동과 카리스마적 운동(신은사운동)을 말한다.

358 C. Peter Wagner, 『여신과의 영적 대결』, 권지영 역 (서울: 쉐키나 출판사, 2008), 16.

359 C. Peter Wagner, *Warfare Prayer*, 17.

360 미르치아 엘리아데(Mircea Eliade)는 샤머니즘에 대하여 말하기를, "시베리아, 중앙아시아, 북아메리카, 남아메리카, 동남아시아, 오세아니아, 그리고 그 외에 지역에서도 발견되는 하나의 종교 체계이다."라고 보았다. Mircea Eliad, *Shamaism: Archaic Techniques of Ecstasy* (New York: Bollingen Foundation, 1964), 4 - 5.

361 C. Peter Wagner, 『여신과의 영적 대결』, 17.

362 C. Peter Wagner, *Warfare Prayer*, 17.

363 C. Peter Wagner, *Warfare Prayer*, 18 - 20.

364 C. Peter Wagner, *Warfare Prayer*, 45.

365 Timothy M. Warner, *Spiritual Warfare*, 116 - 120.

366 Timothy M. Warner, *Spiritual Warfare*, 11 - 12.

367 국민일보, "최근 방한한 美 내적 치유 전문가 찰스 크래프트 박사", http://news.kukinews.com/article/view.asp?page=1&gCode=kmi&arcid=0000765640&cp=du.

368 Charles H. Kraft, Tom White, Ed Murphy & Others, 『영적 전투에서 승리하라』 장미숙 역(서울: 도서출판 은성, 1995), 22.

369 Charles H. Kraft, Tom White, Ed Murphy & Others, 『영적 전투에서 승리하라』 25.

370 Charles H. Kraft, Tom White, Ed Murphy & Others, 『영적 전투에서 승리하라』 25-26.

371 Charles H. Kraft, 『능력 그리스도교』 이재범 역 (서울: 도서출판 나단, 1992), 179-184.

372 국민일보, "최근 방한한 美 내적 치유 전문가 찰스 크래프트 박사", http://news.kukinews.com/article/view.asp?page=1&gCode=kmi&arcid=0000765640&cp=du.

373 Edward F. Murphy, *The Handbook for Spiritual Warfare* (Tennessee: Thomas Nelson Publishers, 1992), 17. 머피는 영역에서의 훈련과 상담 사역으로 세계적으로 알려진 사람이다. 그의 가르침은 미국과 아프리카, 아시아, 캐나다, 유럽, 남아메리카, 오세아니아에 이르기까지 많은 지역에서 교회 지도자들과 다른 그리스도인들에게 큰 혜택을 주었다. 그는 선교사로 세계적인 선교사 파송 단체인 국제 해외 십자군(OC International, 전 Overseas Crusades)의 힐리스 전임연구원, 캘리포니아주 새너제이크리스천대학에서 성경 및 선교학 부교수로 재직하고 있다.

374 Edward F. Murphy, *The Handbook for Spiritual Warfare*, xiii - xiv.

375 Edward F. Murphy, *The Handbook for Spiritual Warfare*, 341-342.

376 Edward F. Murphy, *The Handbook for Spiritual Warfare*, vi-128.

377 Edward Rommen, *Spiritual Power and Missions* (Pasadena: William Carey Library, 1995), 1-2. 유세비우스는 252년 안디옥의 감독에게 코넬리우스 감독으로부터 온 편지를 인용하였다. 여기서 코넬리우스는 로마의 교회가 여러 직임자들 가운데 52명의 축귀 사역자들을 데리고 있었다고 말했다.

378 Edward Rommen, *Spiritual Power and Missions*, 2-7.

379 Edward Rommen, *Spiritual Power and Missions*, 2-4.

380 John Wimber, *Power Evangelism* (San Francisco: Harper and Row, 1986), 157-185.

381 C. Peter Wagner, *Signs and Wonder Today* (Altamonte Springs: Creation House, 1987).

382 Neil T. Anderson, *Victory over the Darkness* (California: Regal Books, 1990), 106.

383 Neil T. Anderson, *Victory over the Darkness*, 106.

384 Neil T. Anderson, *The Bondage Breaker* (Eugene: Harvest House, 1990), 26 - 27.

385 유화자, 『영적전쟁과 치유』 114.

386 Neil T. Anderson, *Victory over the Darkness*, 170 - 171.

387 유화자, 『영적전쟁과 치유』 106.

388 John MacArthur, 『진리전쟁』 신성욱 역 (서울: 생명의말씀사, 2007), 67.

389 강승삼, "영적전쟁의 신학적인 기초와 실재", 22.

390 성결대학교 기독교 교양과목위원회, 『이야기 기독교』(안양: 성결대학교출판부, 2000), 37.

391 이성주, 『조직신학 제3권』(서울: 문서선교 성지원, 1989), 178.

392 강승삼, "영적전쟁의 신학적인 기초와 실재", 23.

393 한국기독교학회 선교신학회 편, 『치유와 선교』, 46-47.

394 이기성, "영산 인간론의 영과 혼의 개념"『영산신학저널』11 (2007): 156.

395 이기성, "영산 인간론의 영과 혼의 개념", 157-158.

396 강승삼, "영적전쟁의 신학적인 기초와 실재", 23-24

397 Stanley J. Grenz, 『조직신학』, 신옥수 역 (서울: 크리스챤다이제스트, 2003), 242.

398 Louis Berkhof, 『조직신학(상)』, 권수경·이상원 역 (서울: 크리스챤다이제스트, 1991), 401.

399 Timothy M. Warner, 『영적 전투』, 109.

400 한국기독교학회 선교신학회 편, 『치유와 선교』, 78.

401 이동원, 『중보기도 사역론』(서울: 나침판 출판사, 2000), 10.

402 이재완, 『선교와 영적전쟁』(서울: CLC, 2011), 134.

403 이재완, 『선교와 영적전쟁』, 134.

404 이재완, 『선교와 영적전쟁』, 134.

405 홍영기, 『중보기도 군사들아』(서울: 교회성장연구소, 2005), 14-15. C. Peter Wagner, 『방패기도』, 명성훈 역 (서울: 도서출판 서로사랑, 1997), 28. 중보란 영어 표현으로 'Intercession'이다. 이 단어의 뜻은 둘 사이에 내가 끼어들어 가는 것, 즉 둘 사이에 서서 나아가는 것을 의미한다. 그러므로 중보는 어려움에 빠진 사람을 위해 하나님 앞에서 하나님의 자비를 얻고자 권리를 가지고 간구하는 행위를 말한다.

406 홍영기, 『중보기도 군사들아』, 16-30.

407 Ben Patterson, 『목회자의 기도는 어떻게 응답되나?』, 김창대 역 (서울: 작은행복, 2000), 41.

408 Clinton E. Arnold, *3 Crucial Questions about Spiritual Warfare* (Michigan: Baker Books, 1997), 48.

409 C. Peter Wagner, 『방패기도』, 24-25.

410 홍영기, 『중보기도 군사들아』, 28.

411 John Calvin, *Institutes of the Christian Religion, Book III* (Grand Rapids: Eerdmands Publishing Company, 1983), 2-3.

412 Jack W. Hayford, *Prayer Is Invading the Impossible* (New York: Ballantine Books, 1983), 57.

413 Richard J. Foster, 『기도』 송준인 역 (서울: 도서출판 두란노, 1995), 259.

414 명성훈, 『하늘 문을 여는 중보기도 전략 52가지』(서울: 국민일보, 1999), 47.

415 명성훈, 『하늘 문을 여는 중보기도 전략 52가지』 31.

416 이재완, 『선교와 영적전쟁』 135.

417 이재완, 『선교와 영적전쟁』 136.

418 C. Peter Wagner, 『신학대학에서 배우지 않는 일곱 가지 능력원리』 홍용표 역 (서울: 서로사랑, 2002), 59.

419 C. Peter Wagner, 『신학대학에서 배우지 않는 일곱 가지 능력원리』 60.

420 C. Peter Wagner, 『신학대학에서 배우지 않는 일곱 가지 능력원리』 60.

421 명성훈, 『하늘 문을 여는 중보기도 전략 52가지』 177-179.

422 박형렬, 『통전적 치유목회학』 474.

423 박형렬, 『통전적 치유목회학』 343.

424 이재완, 『선교와 영적전쟁』 137.

425 박형렬, 『통전적 치유목회학』 344.

426 John Wimber & Kevin Springer, 『능력치유』 이재범 역 (서울: 도서출판 나단, 1991), 223-231.

427 이재완, 『선교와 영적전쟁』 137.

428 박형렬, 『통전적 치유목회학』 346.

429 명성훈, 『하늘 문을 여는 중보기도 전략 52가지』 138.

430 명성훈, 『하늘 문을 여는 중보기도 전략 52가지』 138.

431 명성훈, 『하늘 문을 여는 중보기도 전략 52가지』 193-196.

432 Gray R. Collins, 『뉴 크리스천 카운슬링』 912.

433 명성훈, 『하늘 문을 여는 중보기도 전략 52가지』 181-184.

434 마태복음에 의하면, 예수님의 제자들은 그분과 함께 지냈다. 예수님은 저 세상 밖에 있는 사람들이 자신들이 누구라고 말하는지에 대해 제자들에게 물으셨다. 제자들은 어떤 사람들은 예수님을 세례 요한이라고 말하고, 또 어떤 사람은 예수님을 엘리야나 예레미야나 선지자들 중에 하나라고 생각한다고 보고하였다. 예수님은 "너희는 나를 누구라고 말하느냐?"라는 다음 질문을 위해 분명히 그들에게 준비를 시키고 있었다. 그래서 마태복음 16:16에 의하면, 베드로는 제자들을 대표하여 "당신은 살아계신 하나님의 아들이신 그리스도이십니다."라고 대답하였다. 이것은 지극히 중요한 고백으로 그때 제자들은 자신들이 예수님을 유대인들이 수백 년을 기다려 온 메시아로 인정한 것을 정확히 구두로 표현하기까지 1년 이상의 시간이 걸렸다. C. Peter Wagner, 『신학대학에서 배우지 않는 일곱 가지 능력원리』 23.

435 강경미, 『예 수님의 치유사역과 21C 총체적 치유선교전략』 148.

436 박형렬, 『통전적 치유목회학』 447.

437 Jay E. Adams, *Competent to Counsel* (Grand Rapids: Zondervan, 1970), 21. 전요섭, "변화의 주체로서 성령의 사역에 대한 기독교상담적 이해", 「복음과 상담」3 (2004): 8. 재인용.

438 전요섭, "변화의 주체로서 성령의 사역에 대한 기독교상담적 이해", 8.

439 전요섭, "변화의 주체로서 성령의 사역에 대한 기독교상담적 이해", 9.

440 James D. Hamilton, *The Ministry of Pastoral Counseling* (Grand Rapids: Baker, 1972), 19.

441 전요섭, "변화의 주체로서 성령의 사역에 대한 기독교상담적 이해", 9.

442 정성욱, "성령과 치유", 「그말씀」276 (2012): 79.

443 차준희, "구약의 영 이해", 「성경과 신학」20 (1996): 360.

444 김희성, 『부활신앙으로 본 신약의 성령론』(서울: 대한기독교서회, 2000), 26-34.

445 서울신학대학교 성결교회신학연구위원회, 『성결교회신학개요』, 80

446 전요섭, "변화의 주체로서 성령의 사역에 대한 기독교상담적 이해", 9.

447 전요섭, "변화의 주체로서 성령의 사역에 대한 기독교상담적 이해", 9.

448 요한복음에는 보혜사에 관한 언급들이 다섯 군데(요 14:16-17, 14:26, 15:26-27, 16:7-11, 16:13-15)나 나온다. 성령은 특이하게도 보혜사로 불린다. 성령을 보혜사(παρακλητο)라는 독특한 용어로 묘사한 것은 신약성서 가운데 요한복음뿐이다. 김희성, 『부활신앙으로 본 신약의 성령론』, 270.

449 Walter W. Wessel, *Baker's Dictionary of Practical Theology* (Grand Rapids: Baker, 1960), 30.

450 Ian F. Jones, 『성경적 기독교 상담』, 임윤희 역 (서울: 학지사, 2010), 156.

451 박수암, "성령에 대한 신약신학적 고찰", 「그말씀」276 (2012): 10.

452 전요섭, "변화의 주체로서 성령의 사역에 대한 기독교상담적 이해", 10.

453 김명용, "사회 세상을 위한 성령의 활동", 「성경과 신학」20 (1996): 119-120.

454 전요섭, "변화의 주체로서 성령의 사역에 대한 기독교상담적 이해", 10-11.

455 전요섭, "변화의 주체로서 성령의 사역에 대한 기독교상담적 이해", 11.

456 정성욱, "성령과 치유", 81-82.

457 Ian F. Jones, 『성경적 기독교 상담』, 258.

458 전요섭, "변화의 주체로서 성령의 사역에 대한 기독교상담적 이해", 11-12.

459 정성욱, "성령과 치유", 83.

460 정성욱, "성령과 치유", 83.

461 박형렬, 『통전적 치유목회학』, 195.

462 서울신학대학교 성결교회신학연구위원회, 『성결교회신학개요』, 81.

463 전요섭, "변화의 주체로서 성령의 사역에 대한 기독교상담적 이해", 12.

464 박형렬, 『통전적 치유목회학』, 196.

465 Andrew Murray, 『하나님의 치유』, 84-85.

466 전요섭, "변화의 주체로서 성령의 사역에 대한 기독교상담적 이해", 13-14.

467 전요섭, "변화의 주체로서 성령의 사역에 대한 기독교상담적 이해", 14.

468 전요섭, "변화의 주체로서 성령의 사역에 대한 기독교상담적 이해", 15.

469 Ian F. Jones, 『성경적 기독교 상담』, 259.

470 전요섭, "변화의 주체로서 성령의 사역에 대한 기독교상담적 이해", 15-16.

471 전요섭, "변화의 주체로서 성령의 사역에 대한 기독교상담적 이해", 16.

472 전요섭, "변화의 주체로서 성령의 사역에 대한 기독교상담적 이해", 16.

473 전요섭, "변화의 주체로서 성령의 사역에 대한 기독교상담적 이해", 18.

474 아노미 현상이란 급격한 사회변동의 과정에서 종래의 규범(規範)이 약화 내지 쓸모없
    게 되고 아직 새로운 규범의 체계가 확립되지 않아서 규범이 혼란한 상태 또는 규범이
    없는 상태로 된 사회현상을 말한다. 네이버 지식백과, "아노미 현상", http://terms.naver.
    com/entry.nhn?cid=472&doc Id=659747&mobile&categoryId=472.

475 박형렬, 『통전적 치유목회학』, 478.

476 박형렬, 『통전적 치유목회학』, 478-479.

477 Gary R. Collins, 『뉴 크리스천 카운슬링』, 894.

478 박형렬, 『통전적 치유목회학』, 479.

479 전요섭, "변화의 주체로서 성령의 사역에 대한 기독교상담적 이해", 22.

480 Gary R. Collins, 『뉴 크리스천 카운슬링』, 893.

481 박형렬, 『통전적 치유목회학』, 194.

482 전요섭, "변화의 주체로서 성령의 사역에 대한 기독교상담적 이해", 22.

483 전요섭, "변화의 주체로서 성령의 사역에 대한 기독교상담적 이해", 22.

484 전요섭, "변화의 주체로서 성령의 사역에 대한 기독교상담적 이해", 22-23.

485 전요섭, "변화의 주체로서 성령의 사역에 대한 기독교상담적 이해", 24.

486 전요섭, "변화의 주체로서 성령의 사역에 대한 기독교상담적 이해", 24.

487 전요섭, "변화의 주체로서 성령의 사역에 대한 기독교상담적 이해", 26.

488 전요섭, "변화의 주체로서 성령의 사역에 대한 기독교상담적 이해", 26.

489 박형렬, 『통전적 치유목회학』, 583.

490 교회는 교회와 병원이, 교회와 신학대학이 협력하는 총체적 치유 시스템이 이루어져야
    한다. 신학대학은 성경적 치유의 신학적 배경과 정보를 제공하여 이단적이고 사이비적
    인 치유 상담이 발생 되지 않도록 보고하고 경계해야 할 막중한 책임과 의무가 있다. 박
    형렬, 『통전적 치유목회학』, 589.

491 서울신학대학교 성결교회신학연구위원회, 『성결교회신학개요』, 127-128.

492 서울신학대학교 성결교회신학연구위원회, 『성결교회신학개요』, 128.

493 서울신학대학교 성결교회신학연구위원회, 『성결교회신학개요』, 128.

494 서울신학대학교 성결교회신학연구위원회,『성결교회신학개요』, 149.

495 고희준, "복음적 신유론과 장애인 신학",「박사학위논문」(안양: 성결대학교 일반대학원, 2011).

496 손영구,『신유의 이해』(서울: CLC, 1990), 21-22.

497 Albert B. Simpson,『사중의 복음』, 손택구 역 (서울: 예성출판부, 1980), 60.

498 Jay E. Adams, Competent to Counsel, 20.

499 Dietrich Bonhoeffer, *Creation and Fall* (New York: MacMillan, 1967), 192.

500 Caroll A. Wise, *Religion in Illness and Health* (New York: Harper & Brothers, 1942), 9.

501 강성열, "구약성경이 말하는 치유", 7.

502 조두만,『히·헬·한글성경대사전』(서울: 성지사, 1987), 34.

503 강성열, "구약성경이 말하는 치유", 10.

504 이성호,『성구대사전』(서울: 혜문사, 1983), 1401.

505 강성열, "구약성경이 말하는 치유", 8.

506 Laird R. Harris, *Theological World Book of the Old Testament, vol. 1* (Chicago: Moody, 1980), 857.

507 Laird R. Harris, Theological World Book of the Old Testament, vol. 1, 857.

508 Gerhard Von Rad,『구약성서신학(1)』, 허혁 역 (왜관: 분도출판사, 1976), 276-278.

509 성결교회와 역사연구소 편,『신유』(서울: 도서출판 바울서신, 2002), 154.

510 예성신학정립 편찬위원회,『예성신학의 이해와 신조 해설』(서울: 예수교대한성결교회 총회, 2010), 429-430.

511 Morton T. Kelsey,『치유와 기독교』, 배상길 역 (서울: 대한기독교출판사, 1986), 212.

512 박수암, "신약성경이 말하는 치유",「그말씀」287 (2013): 17. 이 단어는 다음과 같이 나타난다. 낫다(마 8:8, 13; 막 5:29), 고침을(마 13:15; 눅 6:17; 요 5:13), 병을 고치다(눅 5:17; 요 4:47), 낫게(눅 6:19; 행 9:34), 고치다(눅 9:2, 11; 행 10:38), 나음을(벧전 2:24). 장보웅 편저, Logos Bible-Dictionary of The Greek Bible (서울: 로고스, 1991), 35.

513 예성신학정립 편찬위원회,『예성신학의 이해와 신조 해설』, 430.

514 박수암, "신약성경이 말하는 치유", 14.

515 이 단어는 다음과 같이 나타난다. 고치다(막 1:34; 눅 4:23), 고치며(마 8:7), 병 고치는(마 12:10, 15; 눅 6:7, 9:6), 고침을(눅 6:18, 8:2; 43; 행 28:9), 병 고쳐주다(눅 14:3), 병 낫다(요 5:10; 행 4:14), 섬김을(행 17:25).

516 Thomas C. Oden,『케리그마와 상담』, 이기천·김성민 역 (서울: 전망사, 1986), 170.

517 이 단어는 다음과 같이 나타난다. 건강한(눅 5:31, 15:27), 강건하게(눅 7:10), 바른(딤전 1:10; 딤후 4:3; 딛 1:9), 온전하다(딛 1:13), 건강하다(요삼 2).

518 예성신학정립 편찬위원회,『예성신학의 이해와 신조 해설』, 431.

519 Morton T. Kelsey, 『치유와 기독교』, 122.

520 예성신학정립 편찬위원회, 『예성신학의 이해와 신조 해설』, 431-432.

521 차정식, "네가 낫고자 하느냐?", 7.

522 Mark Pearson, 『치유의 은사를 베푸시는 하나님』, 윤수민 역 (서울: 은성사, 1996), 29.

523 정성욱, "성령과 치유", 83.

524 Carroll A. Wise, 『목회상담』, 이환신 역 (서울: 대한기독교서회, 1969), 146.

525 송중복, "예수의 상담원리 연구: 비지시적 상담을 중심으로", 「석사학위 논문」(서울: 고려대학교 교육대학원, 1976): 13-15.

526 김상복, "목회에 있어서의 목회상담을 통한 전인치유사역", 「개혁주의 교회성장」3 (2008): 76.

527 송중복, "예수의 상담원리 연구: 비지시적 상담을 중심으로", 13-14.

528 김상복, "목회에 있어서의 목회상담을 통한 전인치유사역", 77.

529 송중복, "예수의 상담원리 연구: 비지시적 상담을 중심으로", 18.

530 예성신학정립 편찬위원회, 『예성신학의 이해와 신조 해설』, 440.

531 배본철, "한국 오순절 성령운동의 역사와 전망: 성령론 논제들의 발생과의 연관성", 「영산신학저널」29 (2013): 9.

532 성결교회와 역사연구소 편, 『신유』, 16-17. 서울신학대학교 역사신학 교수 박명수는 웨슬리는 신유를 부정하지는 않았지만 그의 주된 관심사가 신유보다 약을 통한 치유였기 때문에 웨슬리를 신유 제창자로 볼 수 없음을 주장하였다. 정상운, "사중복음의 역사적 유래", 「한국성결교회와 사중복음」(1998): 55.

533 서울신학대학교 성결교회신학연구위원회, 『성결교회신학개요』, 94.

534 서울신학대학교 성결교회신학연구위원회, 『성결교회신학개요』, 94-95.

535 서울신학대학교 성결교회신학연구위원회, 『성결교회신학개요』, 95.

536 서울신학대학교 성결교회신학연구위원회, 『성결교회신학개요』, 95.

537 노윤식, "사중복음의 선교 신학적 고찰", 「한국성결교회와 사중복음」(1998): 149.

538 A. E. Thompson, A. B. Simpson (Harrisburg: Christian Publication, 1960), 73.

539 Keith M. Bailey, Bringing Back the King (Nyack: Christian and Missionary Alliance, 1985), 3-4.

540 A. E. Thompson, A. B. Simpson, 74-75.

541 컬리스는 영국의 죠지 뮬러(George Muller)의 '믿음의 기도'와 미국의 찰스 피니 (Charles. G. Finny)의 '효과적인 기도 또는 뚜렷한 목표를 향한 기도'(Effectual Prayer or Pray for A Definite Object)의 영향을 받아 '믿음의 치유'(Faith Cure)의 길을 열어 놓았다. 컬리스는 야고보서 5:14-15의 말씀을 근거로 하여 병자를 위한 치유 사역을 시작하였다. 김동수·차준희, 『효와 성령』(서울: 한들출판사, 2002), 320.

542 성결교회와 역사연구소 편, 『신유』, 21.

543 A. E. Thompson, A. B. Simpson, 72-78.

544 Charles Edwin Jones, *A Guide to Study of the Holiness Movement* (Metuchen: the Scarecrow Press, 1974), 498.

545 A. E. Thompson, A. B. Simpson, 64.

546 Albert B. Simpson, The Four-Fold Gospel (New York: Christian Alliance Publishing, 1925), 56.

547 Albert B. Simpson, *The Gospel of Healing* (Harrisburg: Christian Publication, 1915), 7.

548 Albert B. Simpson, The Gospel of Healing, 32.

549 Albert B. Simpson, The Gospel of Healing, 7.

550 Albert B. Simpson, The Gospel of Healing, 68.

551 예성신학정립 편찬위원회, 『예성신학의 이해와 신조 해설』, 442-444.

552 나까다 쥬지는 1870년 10월 27일 일본 아오모리 현 히로사끼 시에서 아버지 헤이사쿠와 어머니 센다이의 셋째 아들로 태어나 5세에 아버지를 잃고 홀어머니 밑에서 자랐다. 17세 때 히로사끼 감리교회에서 동오의숙의 교장이며, 일본 감리교회 초대 감독인 혼다 목사로부터 세례를 받았다. 1891년 미국으로 건너가 무디성서학원에 입학하였다. 그곳 은혜감리교회에서 찰스 카우만을 만나 동양선교의 의견을 나누고 성결에 대한 설교를 들었다. 이응호, 『한국성결교회 논집』(서울: 성청사, 1987), 69-71.

553 土肥昭夫, 『일본기독교사』, 김수진 역 (서울: 기독교문사, 1991), 153.

554 성결교회와 역사연구소 편, 『신유』, 25.

555 예성신학정립 편찬위원회, 『예성신학의 이해와 신조 해설』, 450.

556 Robert D. Wood, *In These Mortal Hands* (Greenwood: OMS International, 1983), 30-31.

557 예성신학정립 편찬위회, 『예성신학의 이해와 신조 해설』, 446.

558 박명수, 『초기한국성결교회사』(서울: 대한기독교서회, 2001), 151-152.

559 E. A. Kilbourne, "東洋宣敎會가 가라치는 사중복음(三)", 「活泉」78 (1929): 16.

560 정상운, 『한국성결교회사(Ⅰ)』(서울: 은성, 1997), 191.

561 전요섭, "100년 한국성결교회의 목회분석과 전망", 「영암국제학술회의 논문집」2 (2000): 93.

562 서울신학대학교 성결교회신학연구위원회, 『성결교회신학개요』, 38.

563 목창균, 『성결교회 교리와 신학』(서울: 대한기독교서회, 2012), 43.

564 조갑진, "서울신학대학교 신학의 과거와 현재, 그리고 미래", 「21세기와 서울신학대학교 개교 90주년 기념 학술논문집」(2002): 271-293.

565 金相濬, 『四重敎理』(京城: 東洋宣敎會聖書學院, 1921), 65.

566 조갑진, 『신약과 성결교회』(서울: CLC, 2007), 149.

567 조갑진, "서울신학대학교 신학의 과거와 현재, 그리고 미래", 271-293.

568 김응조 목사의 7가지 질병은 신경쇠약, 소화불량, 폐병, 피부병, 신경통, 치질, 종기이다.

569 한국성결교회연합회 신학분과위원회 편, 『이명직·김응조 목사 생애와 신학사상』(서울: 도서 출판 바울서신, 2002), 157.

570 김응조, 『황야의 과객』(서울: 성청사, 1968), 237-238.

571 홍종국, 『영암 김응조 목사의 성결·성화론: 나는 심령이 살았다』(서울: 한들출판사, 2011), 127-128.

572 김응조, 『은총 90년』(서울: 성광문화사, 1983), 50.

573 金應祚, 『聖書大講解 12권』(서울: 성청사, 1981), 218-221.

574 김응조, 『사막의 생수』(서울: 성청사, 1969), 22-23.

575 김응조, 『사막의 생수』, 293..

576 김응조, 『하늘의 만나』(서울: 성청사, 1976), 357.

577 박형렬, 『통전적 치유목회학』, 441-442.

578 이성주, 『조직신학 제3권』, 120.

579 이성주, 『성결교회 신학』(서울: 문서선교 성지원, 2004), 175-177.

580 이성주, 『성결교회 신학』, 179.

581 성결교회와 역사연구소 편, 『신유』, 42.

582 신자들의 질병이 떠나가도록 신유를 위한 기도를 빈번하게 했지만 회복이 나타나지 않았을 때 좌절감이 신유의 강조를 막는 가장 근본적인 이유이다.

583 전요섭, "100년 한국성결교회의 목회분석과 전망", 94.

584 Morton T. Kelsey, Prophetic Ministry (New York: Crossroad, 1982), 52-53. 전요섭, "100년 한국성결교회의 목회분석과 전망", 93에서 재인용.

585 전요섭, "100년 한국성결교회의 목회분석과 전망", 93.

586 조갑진, 『신약과 성결교회』, 132.

587 예성신학정립 편찬위원회, 『예성신학의 이해와 신조 해설』, 462-464.